U0803796

本书入选

中宣部、文化部、教育部、科技部、
广播电影电视总局、新闻出版总署、
中华全国总工会、共青团中央、
全国妇联等九大部委和人民团体

“知识工程”联合推荐书目

“知识工程·创建学习型组织”联合推荐团购书目

本书入选

教育部全国中小学图书馆推荐用书

本书荣获

“科学时报杯”最佳科普作品奖

本书受

北京科普创作出版专项资金资助

·北京大学“全人教育计划”校本实验教材·

BEIJINGDAXUE QUANREN JIAOYU JIHUA XIAOBEN SHIYAN JIAOCAI

《新科学读本》

·总 策 划：周雁翎　姚成龙

·主　　编：刘　兵

·编　　委：王明舟　朱正琳　刘华杰
　　　　　刘　兵　周雁翎　姚成龙

敬告作者

为了编好本书，我们与所选作品的作者、译者进行了广泛联系，得到了他们的积极支持。但是由于条件所限，我们无法与其中一些作品的作者或译者取得联系，深表歉意。凡拥有著作权的作者，一经在书中发现自己的作品，请尽快与我们联系，并告知详细地址，以便我们寄送稿酬和样书。

为中国社会铸造理性根基

XINKEXUE DUBEN

新科学读本

初中卷A

初中卷主编：朱正琳

北京大学出版社
PEKING UNIVERSITY PRESS

图书在版编目(CIP)数据

新科学读本. 初中卷 A/刘兵主编. —北京:北京大学出版社,2004.10
ISBN 978-7-301-07349-0

Ⅰ.新…　Ⅱ.刘…　Ⅲ.自然科学-初中-课外读物　Ⅳ.G634.73

中国版本图书馆 CIP 数据核字(2004)第 031759 号

书　　名：新科学读本(初中卷 A)
著作责任者：刘　兵　主编　朱正琳　初中卷主编
责 任 编 辑：刘　维
标 准 书 号：ISBN 978-7-301-07349-0/G・1219
出 版 发 行：北京大学出版社
地　　址：北京市海淀区成府路 205 号　100871
网　　站：http://www.jycb.org　http://www.pup.cn
电 子 信 箱：zyl@pup.pku.edu.cn
电　　话：邮购部 62752015　发行部 62750672　编辑部 62767346
出版部 62754962
印 刷 者：河北滦县鑫华书刊印刷厂
经 销 者：新华书店
890 毫米×1240 毫米　A5　7 印张　125 千字
2006 年 3 月第 2 版　2008 年 10 月第 2 次印刷
定　　价：10.80 元

Zong Xu

总序

清华大学教授 刘 兵

教育问题是一个为全民所关心的问题。家长关心孩子的成长，孩子作为受教育者自然对当下教育存在的问题有着更深切的直接感受。教育的问题又是多方面的、极为复杂的问题，很难通过一两项具体的措施得以解决。但当我们面对现实时，又无法一时同步地解决所有相关的问题，因而一些具体改革性工作在某种程度上也还是必要的。这套面向从小学到高中学生的《新科学读本》，就可以说是这样的努力之一。

一个重要的背景，是人们对于“两种文化”之分裂的关注。

如果不谈更为久远的历史，至少自20世纪中叶以来，在国际背景中，教育（包括科学教育和人文教育在内）改革发展的一个重要的方向，就是努力要沟通长期以来被人为地割裂开来的在科学文化与人文文化之间的鸿沟。这样的努力一直延续至今，在近年来国际上许多重要的教育改革文献中，我们都可以非常清楚地看到这种努力的具体体现。

在中国，近年来随着基础教育改革的深入，新课程标准的制订也在相当程度上体现出了类似的倾向，这种倾向特别体现在对于科学探究、科学的本质、科学技术与社会的关系等方面的强调，以及相应地明确提出的科学教育对于培养学生的情感、态度、价值观方面的作用。

在如今这样一个科学和技术已经如此深深地影响了人类社会生活和思想文化的时代，作为一个理想的公民，具备适当的科学素养已是重要的前提条件之一。这里讲公民，讲科学素养，一层含义是说我们进行科学教育的目的并不只是为了培养科学家，特别是在基础教育阶段，科学教育应是一种面向全体学生的教育，从绝对数量来说，所培养的对象在其未来的发展中更大的可能是从事科学研究之外的工作。一个可以参照的标准是，《美国国家科学教育标准》将学校科学教育的目标规定为4项，即培养学生能够：1. 由于对自然界有所了解和认识而产生充实感和兴奋感；2. 在进行个人决策之时恰当地运用科学的方法和原理；3. 理智地参与那些就与科学技术有关的各种问题举行的公众对话和辩论；4. 在自己的本职工作中运用一个具有良好科学素养的人所应有的知识、认识和各种技能，因而能提高自己的经济生产效率。美国人认为他们设定的这些目标勾画出来的是具有高度科学素养的社会的一个大致轮廓。美国人的目标有他们的特色，但其中不乏值得我们借鉴和参考之处。

虽然中国的教育改革呼声甚高，也有了像新课标制订和新课标教材的编写使用这样一些具体的措施，包括在这些措施背后所蕴含的诸如沟通两种文化等观念的普及，但在现行的体制下，现实地讲，仅仅依靠学校教育中体制化的科学类课程教育，还是很难达到前面提到的那些目标的。因为我们虽然现在强调素质教育，但毕竟不可能在很短的时间内彻底摆脱应试教育的传统，也由于许多其他条件和因素的限制，在学校体制化的、正规教育的有限课时内，也难以容纳过多的、但对于理解科学、认识科学却是十分重要的内容。

与此同时，在与学校的正规教育相对应的、传统中被称为“科普”的领域，长期以来主要的工作大多属于非正规教育的范畴。在这个领域中，从思想内容、传播理念，到具体形式和内容上，近些年来也有了相当迅速的发展。其中，国内科普的发展也受到了像国外的“公众理解科学”等领域的工作的影响，受到了来自像科学哲学、科学史、科学社会学等对科学进行人文研究的领域中的工作的影响。这些发展，与正规基础科学教育中的趋势是大致相同的，但又比传统的正规教育更加灵活，能够更及时地汲取来自对于科学的人文研究前沿的一些新成果、新观念。

Zong Xu

总 序

如果能够把更靠近传统的、正规的基础科学教育的长处，与以非学校正规教育为主的科普（或称“公众理解科学”、“科学文化传播”或干脆简称“科学传播”）教育的优势相结合，显然对于学生科学素养的培养与提高是大有益处的。这也正是我们编辑这套《新科学读本》的意义之所在。

说到“新科学”的概念，其实早就有人用过。其中最有名者，莫过于哲学家维柯的经典名著《新科学》，但维柯是在将历史、语言学、哲学都包括在内的非常广义的意义上使用“科学”的概念的。我们还可以注意到，20世纪上半叶，美国著名科学史家、当代科学史学科的奠基者萨顿，曾大力地倡导一种将科学与人文结合起来的人文主义，或者用他的说法，即科学的人文主义，他也将之称为“新人文主义”。类似地，在我们这里，我们使用“新科学”来命名这套读本，也是努力要将长期以来处于严重分裂状态中的科学与人文相结合，力图在介绍传统的具体科学知识的同时，将更多的与科学知识相关的人文背景、社会环境、思想文化等等“外部”因素结合进来，以一种人文立场来观察和了解科学。这与前面所讲的国际潮流和国内教育改革趋势也是一致的。

许多年来，特别是近些年来，国内出版了许多有关上述内容的书籍和刊物，其中不乏精品，但由于这些精品散见在大量不同类型的书籍和报刊中，不利于普通读者在有限的时间内最有效率地阅读，而且考虑到面向在校学生（当然此套书的读者对象绝非仅限于在校学生，它的潜在读者范围应该要更大得多），我们针对从小学到高中不同年龄、处于不同学习阶段的读者的特殊性，从大量的书籍报刊中，选出了这套读本的内容。

在小学部分的几卷中，除了有关科学知识、科学的方法、科学家的责任、科学与非科学方面的内容外，也经常从一种相对广义的层面来理解科学，甚至包含了一部分民俗、风物、游记、科学文艺等内容。在这几卷中，博物学是一个非常突出的主题，这既是对于长期以来正在逐渐丧失中的与数理实验传统不同的博物传统的一种恢复和强调，也更适合于小学生拓展眼界、关注自然的需要。

在初中部分，编者基于对两个事实的考虑，一是学生人生阅读花季的到来，理性思维随之开始启动，二是学生开始系统地学习相对分化的学科知识。针对这两个考虑，编者很有特色地强调的是，选择那些有利于让学生理解知识的创造过程，强调充满好奇心的思维，传达科学家们是如何在从事科学研究中动态地思考的文章，以避免学生在学习中产生把书本上静态的知识当作唯一的科学知识的误区，让学生能够理解何为“智慧”、何为“成功”、何为“成就”，甚至于何为“有意义的生活”，如此等等。

在高中部分，由于学生已经相对成熟，并掌握了一定的科学知识，因而，选文更为注重理性的思考，关注科学与其他领域，特别是科学与社会的复杂关系，力图更为整体、更为全面地理解科学。

总的来说，尤其是小学部分，此套丛书所选的文章初看上去可能有些显得艰深了些。但这也是有所考虑的，在许多教材和课外读物中，我们经常会听到一些学生的抱怨，说教材和课外读物的编写者们过分低估了他们的智力，使他们丧失了阅读的兴趣。更何况，这套书作为一套具有一定挑战性的读物，对于阅读和理解的要求与正式的科学课程的要求也有所不同，而且构成了对于那些学习内容的重要补充和延伸。其实，这里所注重的，并不是要求学生读懂每一句话每一个字，并不要求学生在阅读之后“记住”多少具体知识。许多问题也不存在唯一“正确”的答案。最重要的，是让学生通过阅读去独立地思考，在独立思考的基础上形成自己对于科学的理解。

编者的话

初中卷的编选侧重考虑了如下两个重要事实：第一，进入初中，人生的花季即将来临。第二，初中阶段开始了科学知识的系统学习。

花季是一个蓬勃生长的季节，正在发育的不只有身体,也有心智。好奇心还没有减退，理性思维又开始全面启动，智力生活进入一生中最为活跃的时期。智力生活与智力开发当然不是同一个概念。最主要的区别在于，前者是出于拥有者的内在需要，当事人是主体；后者则明显有一个外在的目的，当事人成为被开发的对象。

人类这个物种所拥有的智力，从来就不仅仅是谋求生存的工具。探索宇宙的奥秘，追问人生的意义，有一种超出所谓实际需要、单纯以认知为目的的智力活动一直在进行。从最根本的意义上说，科学就是产生于这种智力活动。驱动这种活动的，是深植于人类本性的一种渴望，渴望认识世界、渴望认识自已。值得在这里特别指出的是，这种渴望在人生的花季也如花初放，尤为热烈。但很少有人能把这种渴望长久保持。随着年龄的增长，这种渴望往往会被所谓生存的实际需要压倒，与好奇心一同衰疲。这一点在阅读活动方面得到最为明显的反映。青少年的阅读一般说来是为了满足智力生活的需求，而成年人的阅读则更多是为了实用的目的或消遣。事实上，“应试教育”已经过早地把“实际需要”引进孩子们的花季，严重妨碍了孩子们的智力生活和阅读活动。“教辅”读物常常被有意识地误解为助考材料来编写出版，就是一个证明。

另一方面，初中的课程设置使得现代科学的基础学科都相继进入学生的视野，这也是一件人生大事。数学学习到初中开始有代数，也就是开始接触现代数学。小学阶段笼统的“自然”课则分化为领域明晰的学科：物理、化学、生物、地理等等。这种分学科、有系统的学习，无疑有助于学生掌握科学知识，也有助于促进智力生活。但这种学习在应试教育的压力下，却也常会存在一些误区。比如，过早地考虑专业取向因而有意识地偏科学习，沉溺于解题技巧等等。凡此种种，都远离了知识产生的源头——充满好奇、充满想像、充满创意的认知活动。有一个笑话说，一个聪明孩子抢答“大米是从哪里来的”一问时说：“我知道，大米是从粮店买来的。”我们的学校里恐怕有不少这样的“聪明孩子”。

鉴于上述两个方面的认识，初中卷的编选就有了一个比较清楚的意向。我们最希望做到的，就是通过这个读本，让小读者们的智力活跃起来，直接参与到科学这种人类活动中去。当然，帮助小读者们了解科学是一种什么样的人类活动（包括这种活动的内在精神和某些外部条件），也就顺理成章地成为重要考虑之一。换句话说，我们最想传递给小读者们的信息是，科学不仅仅是人类已经积累起来的一些知识，而且更是人类薪火相传的一种智力活动或精神活动。——小读者们自己现在已开始加入这种活动。

在文章的具体编排上，大体上按照初中三个年级分为三册，并按照数学、物理、化学相继进入课程的时序做了有所偏重的安排，即：第一卷偏重于数学，第二卷偏重于物理，第三卷偏重于化学。需要申明的是，并不是所有安排都严格对应于年级的递进的。比如，考虑到宇宙太空和生命世界的无穷奥妙是智力生活永久的母题，所以我们让有关天文、地理和生物的内容在三册书中反复出现，深浅程度倒没有太过斟酌。还有其他一些安排，在不违主旨的前提下，也带有某种随意性，容不赘述。

所选文章当然毫无疑问都有增补知识、扩展视野之功用，但最吸引我们的却总是那些能使纸面上的知识变得鲜活起来的思想。这些思想一旦激发了读者的思想，传递的就不仅是知识，而更是一种生生不息的人类活动。那情形很像传递奥林匹克的圣火。想一想吧，当你的思想被牛顿或爱因斯坦的思想直接点燃时，那是一种什么样的传递？但这种事的确每日每时都在发生着，尤其在氧气充足的花季，发生的频率要比弥漫着二氧化碳的成年时期高很多很多。这不完全是一个比喻。我们的确常在成年人中听到过这样的感叹：要是我年轻时能读到这本书，我这一生就有可能是另外一种样子。所以我们的编辑思想中包含了这样一个命题：人生的花季也是阅读的花季，错过了的东西就永远找不回来。

MULU 目录

一 入口：世上没有傻问题

二 触摸数学这只大象

三 天与地的故事

四 读大自然这本活书

五 数的趣谈

六 人物故事

一 入口：世上没有傻问题

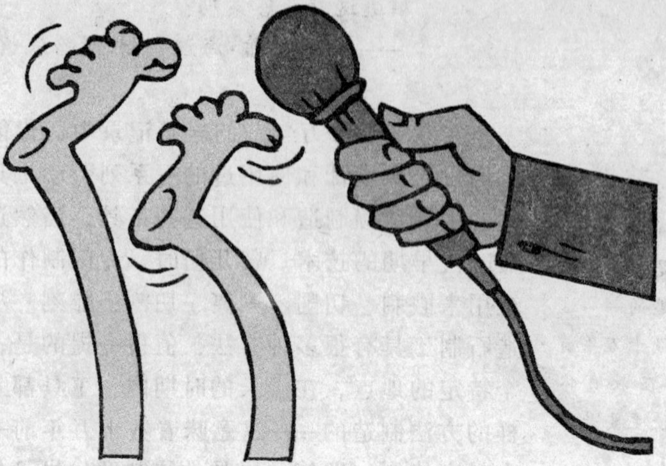

世上没有傻问题*

[美] 萨 根

所以我们不停地提问，一次又一次，
直到一捧土
堵住了我们的嘴——
难道这就是答案吗？
——海恩里希·海涅①《拉撒路》(1854)

在漫长的时期内，工具都是以同样的方法制造的——这意味着数十万年前一定存在教育体制，即使主要是学徒制度。

在东非200万年前的岩石记录中，你能发现我们祖先所设计和使用过的一系列劳动工具。他们的生活依赖制造和使用这些工具，当然这是石器时代早期的技术。曾几何时，专门制作的石头被用来戳刺、切削、剥离、切割、雕刻。尽管制造石制工具有很多种方法，值得一提的是，在一个特定的地点，在漫长的时期内，工具都是以同样的方法制造的——这意味着数十万年前一定存在教育体制，即使主要是学徒制度。尽管相似性

* 选自《魔鬼出没的世界：科学，照亮黑暗的蜡烛》，李大光译，吉林人民出版社1998年版。

① 海因里希·海涅（Heinrich Heine，1797—1856）：德国诗人、作家，犹太人。生于杜塞尔多夫一个商人的家庭，先后在波恩、哥廷根、柏林上大学。1825年取得学位。曾经商，当银行职员，学过法律。1827年第一部诗集《歌集》问世，此后作品不断发表，有《旅行记》、《法兰西现状》、《论德国宗教和哲学史》、《德国，一个冬天里的童话》、《一个仲夏夜之梦》、《罗曼采罗》等。——译注

容易被夸大，但很容易设想有类似的围着缠腰布的教授和学生、实验课程、测验、不及格、毕业典礼和研究生教育。

如果在很长的历史时期内，这种培训没有发生改变，传统就被完整地传递给下一代。但是如果需要学习的东西变化得很快，特别是在一代人的时间内发生，这就很难搞清楚教什么和怎样教。于是，学生就会抱怨内容不恰当；对年长者的尊敬就会减少。教师们对教育标准的降低和学生们变得无精打采感到绝望。在一个处于转变中的世界，学生和教师都需要掌握一门重要的技巧——学会如何学习。

学生和教师都需要掌握一门重要的技巧——学会如何学习。

除了儿童之外（他们还不懂得是不是该问一些重要的问题），我们没有谁会花费很多时间去想：为什么自然是这个样子？宇宙是怎么来的，或它是否一直那样存在？如果时间某一天会倒流，结果将会出现在原因之前吗？是否存在人们认识的极限？甚至有些儿童，我就遇到了那么几个，想知道黑洞是什么样子，物质的最小部分是什么，为什么我们记得过去而不是将来，为什么有宇宙。

不时的，我会非常幸运地给幼儿园或一年级的班级讲课。其中很多孩子是天生的科学家——尽管好奇的倾向多一点，怀疑主义的倾向少一点。他们很好奇，爱动脑筋，引起思考的、有洞察力的问题滔滔不绝。他们显示出极大的积极性。我被问一些连续的问题。他们从没听说过什么叫“傻瓜式的问题”。

但是当我和高中高年级的学生交谈时，我发

他们记住了“事实”，但总的来说，发现的喜悦，事实背后的灵魂，已经离开了他们。

现情况不同了。他们记住了“事实”，但总的来说，发现的喜悦，事实背后的灵魂，已经离开了他们。他们失去了大部分好奇心，仅获得了很少一点怀疑主义。他们担心提出“傻瓜”问题；他们愿意接受不充分的答案；他们不提连续的问题；在教室里他们不时斜着眼瞥一下，判断他们的同学是否赞同；他们上课时把带来的问题写在一张纸上，他们偷偷地检查，等待着轮到他们，却疏忽了这时他的同学们正在集中讨论什么问题。

从一年级到十二年级一定是发生了什么，它不仅是青春期的问题。

从一年级到十二年级一定是发生了什么，它不仅是青春期的问题。我猜测它部分是因为来自同学间对比的压力（除了在体育运动中）；部分是因为社会教给人们的短期满足；部分是由于一种印象即科学和数学不会使你能买一辆跑车；部分是因为对学生的期望太低；部分是因为理智地讨论科学和技术——甚至学习本身——很少有回报或榜样。那些少数仍然保持兴趣的孩子被贬低为“傻子”、“小丑”或“书呆子”。

但是还有些别的原因：我发现许多成年人讨厌孩子提出科学问题。孩子也许会问：为什么月亮是圆的？为什么草是绿的？梦是什么？你能挖多深的洞？世界的生日是哪一天？为什么我们有脚趾头？大多数老师和家长以生气或嘲弄的态度对待这些问题，或者迅速地转到别的东西上面：“你希望月亮什么样，方的？”孩子们不久便认识到这种问题惹恼了大人。再有几次像这样的经历，就又有一个孩子离开了科学。为什么成年人在不到六岁的孩子面前要装作无所不知，我感到实在难以理解。承认我们不知道某些东西又怎么了？我们的自尊心竟如此脆弱吗？

承认我们不知道某些东西又怎么了？我们的自尊心竟如此脆弱吗？

而且，这其中有许多是科学领域中的深奥问题，有几个尚未得到完全解决。月亮是圆的与重力是一种将物体拉向任何世界的中心的向心力。草是绿的因为它含有叶绿素，当然，我们都在高中的时候被灌输过这个答案，但是为什么植物含有叶绿素？这看起来很愚蠢，因为太阳输出的峰值能量是在光谱的黄色和绿色部分。为什么全世界的植物要抵制能量最丰富波长部分的阳光呢？也许是由于地球古代生物史上的意外冰冻。但是我们对于草为什么是绿的仍有某些东西不清楚。

有许多更好的回应可以不使孩子觉得他们问深奥的问题是一个大错误。如果我们对答案有想法，我们可以试着解释。即使是一次不完全的尝试也会起到消除疑虑和鼓励的作用。如果我们不知道答案，我们可以查百科全书。如果我们没有百科全书，我们可以带着孩子去图书馆。或者我们可以说："我不知道答案，也许没有人知道答案。也许等你长大的时候，你会成为第一个发现答案的人。"有天真的问题、乏味的问题、表述不当的问题，以及在不恰当的自我批判之后提出来的问题。但是每个问题都表明他渴望理解这个世界。这绝不是傻瓜式的问题。[1] 聪明的、好奇的孩

有天真的问题、乏味的问题、表述不当的问题，以及在不恰当的自我批判之后提出来的问题。但是每个问题都表明他渴望理解这个世界。这绝不是傻瓜式的问题。

① 我所说的不包括二岁儿童向他们的父母提出的连珠炮式的为什么，也许他们不过是努力想控制大人的行为。

子是国家和世界的财富。他们需要得到照顾、呵护和鼓励。但是仅仅鼓励是不够的，我们必须给他们关键的进行思考的工具。

阅读提示

YUE DU TI SHI

这篇文章除了标题以外，还有一句很关键的话也应该记住："从一年级到十二年级一定是发生了什么，它不仅是青春期的问题。"从结果上看，发生的事使好奇心受到遏制，人不再会问"傻"问题。这可是一件很严重的事。因为，正如古希腊的哲人们所言"好奇是学问之父"，科学家们多为终生保持着像儿童一样的好奇心的人，他们没让上文所说的那种事发生。你当然也可以办到，尤其在读了这篇文章之后。而且，作者提到了"青春期"，说明你正好到了注意这件事的关键时期。此时读到了这篇文章，这对你很有益。试着去想一想或研究一下文章中提到的那些问题。比如月亮为什么是圆的？如果有兴趣，还可以把《魔鬼出没的世界》一书找来，翻到第369～372页，作者开列了一串"傻"问题，你都可以试着去想一想。比如：人的胃用浓盐酸溶解食物并帮助消化，为什么盐酸不溶解胃本身？

这儿没有愚蠢的问题 *

丁学良

在美国一些大学的图书馆里，备有一盘专为刚来美国的外国学生观看的录像带，题为“美国大学的课堂活动”。其用意据我揣测，是让外国人见到这儿课堂里的一些景象时，不至于吃一惊，而能尽快地适应其风格。

这类景象中最突出的之一，是美国人提问题的劲头。课堂上提问题真正是百无禁忌，五花八门：与课题有关的可以提，无关的也可以；大而严肃的问题可以提，小而滑稽的也不妨。因为终身教育观的流行，美国的一些研究生的年纪已经很大，甚至超过教授。他们提起问题来，一点也不甘落后，往往比年轻的同学更起劲，好像“时不我待，不提白不提”似的。我们班上提问题最积极的两位，就是年纪最大的两位：一位是年近五十的独身女警察，另一位是另一所大学别专业的副教授。这二位对各式各样问题的真诚劲儿，可真令人感动！

美国的一些研究生的年纪已经很大，甚至超过教授。他们提起问题来，一点也不甘落后，往往比年轻的同学更起劲，好像“时不我待，不提白不提”似的。

在学生一方，是“没有什么问题不可以提”；在教授一方，是“什么问题都鼓励提，都予以应答”。即令是有些在我们中国人看来根本不值一顾

没有什么问题不可以提

什么问题都鼓励提，都予以应答

---

* 摘自《不敢恭维》，中华工商联合出版社 2000 年版。

的问题，教授也认真地给予反应：能解答的就解答，不能的就说不懂。

我们中国人在提问之前，总是要在心里掂一下：这问题提得妥当吗？会不会使人笑话？若无相当的把握，是不敢把问题端出来的，因为怕被人窃笑为“傻瓜蛋”！

这种课堂活动风格，确实使初来乍到的外国学生尤其是东方学生很不习惯。我们中国人在提问之前，总是要在心里掂一下：这问题提得妥当吗？会不会使人笑话？若无相当的把握，是不敢把问题端出来的，因为怕被人窃笑为“傻瓜蛋”！

然而美国人不在乎这一套。有些问题在中国学生看来实在“傻”得够呛，他们提起来却毫不感到难为情，而包括教授在内的美国人也并不露出丝毫窃笑的神情。

为什么？一位朋友告诉我：“在美国没有stupid（愚蠢的）问题。”其实这话更精确的含义在我理解是：在这里没有什么问题会被认为是“愚蠢的”。

如果说美国人眼里没有愚蠢的问题，那么，不提问题才会被视为愚蠢的，甚至是“可怕的”！

如果说美国人眼里没有愚蠢的问题，那么，

不提问题才会被视为愚蠢的，甚至是“可怕的”！一学期末，最低的分数，教授不是给提问题最复杂或最多的学生，而是给不提问的。说错了被认为是在动脑子，而不说则被认为是没脑子。一个人没脑子当然很可怕！照我们的习惯，老前辈或某权威做报告，晚生后辈理应洗耳恭听，乱提问题显得颇为不敬。而在美国，不论何种会议，最糟糕的莫过于报告人说完后没有人对他提问题，报告人会立刻神情沮丧，感觉受到一种侮辱。问题越多，他则越起劲！

说错了被认为是在动脑子，而不说则被认为是没脑子。一个人没脑子当然很可怕！

对提问题的态度积极到天真的程度，实在是体现了一种民族精神。不能说它“完美无缺”，细细观察，确实可以发觉有些场合下讨论的是没有意义的问题，有时甚至还提出不少荒诞不经的问题，有时给人“过分浅薄”的印象，如此等等。

但终究文化教育的发展从其受益要大得多。许多未来发现发明的萌芽、学术新潮的开端，就是萌生于这些百无禁忌的提问应答之中。20世纪初，美国人还是争相去欧洲读书；而现在全世界都承认美国的研究生院教育水平最高。教育水平高，科技和经济也随之发达。那种特有的课堂活动风格，不能说没有作出重大贡献吧？课堂是个小社会，而社会则是个大课堂。如果一代一代的孩子们老是不被鼓励提问题，荒唐的问题固然无出头之日，然而创造性、想像力、进取心也就因之而泯灭了。而且，现在的大人们又怎能断言他们眼里的天经地义在未来不会被推翻，他们眼里的“无稽之谈”，在未来不会被证实呢？

许多未来发现发明的萌芽、学术新潮的开端，就是萌生于这些百无禁忌的提问应答之中。

所以我吁请我国同胞中的长辈们敢于让自己的孩子提问题，不管这孩子是几岁也罢还是几十岁也罢。纵使有时孩子提的问题伤了你们的心，或触犯了你们眼里的天经地义，也不要过分苛责他们。我们民族的振兴也许正是从这里获得其生机哩！

阅读提示

YUE DU TI SHI

这是作者留学期间给国内朋友写的一封信。看起来萨根的观点（参看《世上没有傻问题》）在美国已经深入人心。又或者在萨根眼里，美国的学生们提问时还“傻”得不够？那我们就更得加倍鼓鼓我们的“傻”劲才是。

最重要的是思想*

[英] 德博诺

没有任何东西比人类脑子里的思想更重要。人类的成就是建立在人类思想的基础上的。发明之所以引人入胜，是它常常使我们看到，历史上某个时候的某人头脑中的思想，是怎样改变了人类文明的进程。

没有任何东西比人类脑子里的思想更重要。人类的成就是建立在人类思想的基础上的。发明之所以引人入胜，是它常常使我们看到，历史上某个时候的某人头脑中的思想，是怎样改变了人类文明的进程。许多发明都是个人作出的，因此，没有任何思想比一种发明更能追溯到个人。就发明而言，由于我们经常在享受其成果，所以我们一眼就能看出那种思想是怎样起作用的。

著名的天文学家哈雷曾在水深60英尺的地方呆了一个半小时。他呆在水里干什么呢？他在试验自己的发明——潜水钟。第一个降落伞的发明者，以超人的勇敢从离地3000英尺高的气球上跳下来。他幸存下来了，而许多跟飞行有关的发明者，却像滑翔的先驱者利连撒尔一样，招致了不幸。

一位天文学家发明了潜水钟是不值得大惊小怪的，因为发明史充满了这样的例子：许多人发明了与他们的研究领域毫不相干的东西。

一位天文学家发明了潜水钟是不值得大惊小怪的，因为发明史充满了这样的例子：许多人发明了与他们的研究领域毫不相干的东西。例如，最早的玉米收割机就是一个演员发明的，他用它来收割自己“种”在舞台上的庄稼。最早的实用

*选自《发明的故事》，蒋太培译，三联书店1986年版。

潜水艇，是在纽约工作的一位爱尔兰教师发明的——他想用它来击沉英国的军舰。气胎是一个叫邓洛普的苏格兰兽医发明的，他给小孩玩的三轮脚踏车装上气胎，让儿子骑着经过一段坎坷的鹅卵石路去上学。水翼是一个法国牧师想出来的，然而他却未能使女王伊丽莎白一世相信它的作用。飞行的原理是约克郡的一个乡绅研究出来的，他让不情愿的马车夫坐着滑翔机飞上了天。保安剃刀是一个40岁的售货员发明的（人们建议他研制一种用了一次就可以扔掉的东西）。

一项发明的影响可能是巨大的。简单的轧花机的发明，改变了美国南方各州的经济。伽利略对摆锤的观察，使他很快就试制出了准确的钟。贝色麦的炼钢法，为全世界提供了最重要的建筑材料；而火药的发明则结束了中世纪世界各国的封建制度。内燃机是100年多一点之前发明的，汽车的发明时间更近一些，看见发明飞机的许多人现在还活着，然而这些发明物现在却主宰着许多先进国家的经济。奥蒂斯的安全起重机使建造摩天大楼成为可能。普雷提克的捕鱼滑车使秘鲁的鱼产量一下子增加了四倍。

一项发明的影响可能是巨大的。

虽然如此，发明并非总是受欢迎的。令人难以置信的是，意大利政府和英国政府对马可尼关于无线电的研究不感兴趣。现在还有人回忆说：英国海军部宁愿用人在山顶上互相打信号也不用电报联系。珀西·肖发明的奇妙的小型反光装置一直受到忽视，直到实行战时灯光管制时才迫使人们承认它。一种用短桨推进的小型护卫舰，跟一

虽然如此，发明并非总是受欢迎的。

种新型的用螺旋桨推进的小型护卫舰进行了一场拔河比赛：这是一种发明难得受到的彻底考验。各种发明要获得应有的地位常常是困难的。甚至核物理学之父卢瑟福也怀疑原子能是否有实用的价值。

各种发明是怎样产生的呢？从发明以来一直是医学上的重要工具的听诊器，是勒内克看见一些小孩玩树枝时最先想到的。留声机的发明，是因为爱迪生在一条蜡纸上玩莫尔斯电码时，发现蜡纸在一颗针下迅速地擦过时发出了嗡嗡声。使橡胶变成现在的一种有用材料的硫化技术，是固特异随便做的一些实验的结果。机会、观察和玩耍，是许多发明的基础。雷达的研制成功，出于想制造打飞机的无线电死光武器的奇想。有人不是抛弃这种想法，而是把它用作研制雷达的踏脚石。有时事物层层相因。威尔孙开始是个学气象的学生，对云的成因感兴趣，这使他发明了云室，而云室却是研究核物理的一种基本工具。还有另外的情况，对已经有人研究的问题，若从新的角度进行探索也可能导致发明。莱特兄弟在开始制造一种根本就不平稳的航空器时，不是像其他人那样企图使其平稳，而是着眼于控制——这就导致了他们在飞行上的成功。当然，解决个人遇到的问题也能导致发明：比斯尔由于讨厌瓷器店里撒落在地上的稻草而发明了地毯清扫器。

机会、观察和玩耍，是许多发明的基础。

对已经有人研究的问题，若从新的角度进行探索也可能导致发明。

当然，解决个人遇到的问题也能导致发明：

有些发明需要科学技术知识；有些发明则非常简单，事后一目了然，例如中国人发明的双管锁就是这样。在发明了镜片之后三百年，才有人把一个镜片迭到另一个镜片上制成望远镜。活字印刷的道理也很简单，然而却是对刻版印刷的一大改进。

任何东西的促进作用都比不上一种新的想法。例如，之所以出现以某种方式给人以额外感觉的照相术，是因为利埃普塞于1816年用氯化银纸代替暗箱中的毛玻璃时发现了某种奥秘。

任何东西的促进作用都比不上一种新的想法。

特别成功的静电印刷术是卡尔森于1938年发明的。波拉一步摄影照相机是兰德于1947年发明的。浮法玻璃是皮尔金顿在1959年研制成功的。汪克尔发动机——发动机设计中的一种变革——是汪克尔在20世纪50年代后期发明的。悬浮运载工具——在运输方法上的一种变革——是科克雷尔于1955年发明的。发明的时代永远也不会结束。

发明的时代永远也不会结束。

阅读提示 YUE DU TI SHI

这篇文章是《发明的故事》一书的前言，作者就是该书的编者。那本书讲了许多许多非常有趣的关于发明的故事，这篇短短的前言是画龙点睛，指出所有发明都有一个总的源头，那就是思想。思想的重要性不仅仅在于认识与理解，更在于创造与发明。你可以试着去搞一个发明，就会明白一个有创意的想法有多重要。回过头来再看各种有关发明的故事，可能就更容易领会作者强调的到底是什么了。

阿哈反应：我想出来了！*

［美］加德纳

灵感之产生与你正在做什么全然无关。

创造性行为很少出自逻辑与推理，惊人的想法每每不期而至，因而数学家们常说灵感之产生与你正在做什么全然无关。也许你在旅行，也许你在刮胡子，或者在随便想着什么，灵感却突然产生。创造性过程并不因你美好的愿望而闪现，亦不垂青你崇高的奉献精神。实际上，在你的精神充分放松、你的思维自由翱翔时，灵感女神或许已悄然叩动着你未启的心扉。

——马利斯·克莱恩

实验心理学家们常常提到一位教授做过的关于测试大猩猩解决问题能力的一次实验。一只香蕉被挂在天花板的中央，其高度是猩猩跳起来也不能拿到。屋子里除了在墙边放着几个木箱外没有其他任何东西。实验的目的是要看猩猩能否想到把木箱码到屋子中央，然后攀登上去摘到香蕉。

被测试的猩猩默默地蜷缩在角落里，沮丧地望着心理学家来回忙碌摆放木箱。当这位教授经过屋子正中央的时候，猩猩突然一跃而起，迅速

* 选自《阿哈！灵机一动》，李正新译，湖南教育出版社2002年版。

跃上教授的肩膀，然后向上一跳，抓走了香蕉。

这一有趣的实验寓意在于：一个貌似复杂的问题，有时解决的办法可能出乎意料地简单。在这个实验中，猩猩的做法不过是靠它的直觉以及以往的经验，但此做法却令我们的教授始料不及。

数学的核心问题就是无终止地探求简单而再简单的方法，去证明各种理论，去解决各种问题。常常有这样的事例：一个理论的最初证明需写出50多页厚的一大本，其中充满了严密的推理；几年以后另外的数学家——也许名不见经传——却突发奇想，寥寥数行就给出了清楚而科学的证明。

这种瞬间闪光的妙想，心理学家称之为“阿哈反应”（aha! reactions）（即灵感）。它们看起来确乎鬼使神差。有一个很有名的故事，说的是爱尔兰数学家威廉·朗万·汉密尔顿在散步经过石桥时突然发明了“四元数”的事情。他当时奇妙的想法是他忽然认识到，一个代数系统不一定要满足交换律。他兴奋得不知所措，当即把这些基本公式刻在了石桥上，据说这块刻有公式的石头一直留存至今。

瞬间的妙想在一个创造性的头脑中究竟起什么作用？恐怕没人能说得很清楚。它的确是一个不可思议的过程，没有人能把它从头脑中捕捉出来送进计算机里，而计算机解决问题必须是按照事先给定的程序机械地一步一步地去做。计算机的应用价值也仅仅是计算速度快得惊人——可以

这一有趣的实验寓意在于：一个貌似复杂的问题，有时解决的办法可能出乎意料地简单。

数学的核心问题就是无终止地探求简单而再简单的方法，去证明各种理论，去解决各种问题。

瞬间的妙想在一个创造性的头脑中究竟起什么作用？

迅速解决一个数学家需不停地计算几千年才可能解决的问题。

最近的研究表明，那些经常产生灵感的人，其智力水平大都近于中等，间或有人智力超常，其灵感与智力之间亦无必然联系。

灵感，是一种思维的创造性飞跃，其外在表现有时是瞬间闪现出解决问题的最佳途径，它与一般意义上的智慧是有很大差别的。最近的研究表明，那些经常产生灵感的人，其智力水平大都近于中等，间或有人智力超常，其灵感与智力之间亦无必然联系。通过水平测试我们可以看到，一个人的智商可能相当高，但产生灵感的能力却很低；反之，有的人在许多方面的表现并不出色，但这并不排斥他可能妙招迭出。例如爱因斯坦，他对经典数学并不很熟练，他在中学及大学中的成绩亦很平平，但是，相对论却恰恰在这样的头脑中诞生，其意义之深远已彻底改变整个传统物理学的基础。

对创造性思维的研究可以显示一点，即创造能力与幽默并非无缘。

对创造性思维的研究可以显示一点，即创造能力与幽默并非无缘。或许一些奇思妙想与人的精神愉快有关。能够创造性地解决问题的人似乎是这一类人：他们喜欢向问题提出挑战，就像有的人着迷于棒球或象棋比赛一样，闲暇游玩的愉悦形成了灵感产生的氛围。

想法的奇妙与思维的敏捷没有必然联系。一个思维慢的人对某个问题的着迷程度并不逊色于一个思维快的人，甚至完全有可能在解决问题时想法更奇妙。轻而易举地解决了问题所带来的喜悦会促使一个人回过头来重新考虑常规的解题思路。本书愿为任何读者服务，但更偏爱那些富有幽默感的理解能力超群的人。

这里谈到的奇思妙想，与科学、艺术、商业、政治及其他人类所从事各项活动的任何领域中的创造力有着密不可分的联系。科学史上的每一次伟大革命几乎都是不囿常规的直觉飞跃的产物。倘若不是宇宙万物无休止地向我们提出各种困惑，科学何以存在？大自然母亲创造了许多有趣的现象，然后向那些科学家们提出了挑战，要求他们解释其所以然。在很多情况下，答案并非要在不断重复的试验中去寻找，像托马斯·爱迪生寻找电灯的灯丝那样，甚至也不需要依据有关理论知识去推演。在许多情况下答案完全出自Eureka（偶然）。实际上Eureka一词出自古希腊的一则典故，故事说的是阿基米德在浴盆中解决了一个有关皇冠的问题。传说当时阿基米德极度兴奋，跳出浴盆赤条条地跑到了街上高喊："Eureka！Eureka！"（意为：我想出来了！——编者）

科学史上的每一次伟大革命几乎都是不囿常规的直觉飞跃的产物。倘若不是宇宙万物无休止地向我们提出各种困惑，科学何以存在？

阅读提示

YUE DU TI SHI

这篇文章所说的"阿哈反应"，其实我们都有过。有时候解数学题不就是这样吗？苦思冥想许多时候都解不出来，突然灵光一闪：阿哈！我想出来了！事实上这篇文章就是作者为自己编写的数学游戏集子写的序言。他强调了创造性思维的不守成规，当然不是说不动脑子它就会从天而降。阿基米德在浴盆里想出来的是浮力如何计算的问题，说明他想这个问题差不多想得入了迷。那么作者想强调的究竟是什么呢？其实你把本单元的另外几篇文章放在一起来体会就比较容易理解了：不管你是在学习，还是在游戏，还是在搞发明，最重要的事都是要保持思想的自由，不要被一些条条框框框住。

二 触摸数学这只大象

触摸数学这只大象*

［美］斯坦因

我认为，我们不论在数学方面，还是在艺术，木工、烹饪、绘画、唱歌等方面，都只发挥了我们的一小部分潜能。我们过早地止步不前。如果我们愿意探索外部世界和我们自身，我们每个人都能达到一个超乎我们想像的水平。

实际上每个人都能了解数学，欣赏数学，意识到它在现代社会中的作用。更一般地说，我认为，我们不论在数学方面，还是在艺术、木工、烹饪、绘画、唱歌等方面，都只发挥了我们的一小部分潜能。我们过早地止步不前。如果我们愿意探索外部世界和我们自身，我们每个人都能达到一个超乎我们想像的水平。

年轻人应该知道，在各行各业中，数学都是一个工具。大约三分之二的高薪工作，都要求超出算术以外的数学，作为一种训练，或作为日常应用。只有十分之一的低薪工作有这样的要求。(这些数字基于第十章的数据。）这种反差表明，在高技术经济中，数学是多么重要。一个人懂得的数学越多，就会有更多的职业之门向他开放。由于数学是这样一个生计问题，所以我用整整一章——第十章——来叙述在诸多行业中需要（或不需要）什么样的数学。（第九章也与此论题有关。）

做父母的鼓励自己的孩子们研习数学是至关

---

*选自《数字的力量：揭示日常生活中数学的乐趣和威力》，严子谦、严磊译，吉林人民出版社2000年版。

重要的。当“专家”们利用数字和计算机来影响决策时，每个人都不应惊慌失措。

数学就像寓言中三个瞎子所描述的一样。一个瞎子摸着大腿说：“它像一棵树。”另一个摸着象鼻子报告说：“它像一条蛇。”第三个瞎子摸着一只象耳朵说：“它像一只蝙蝠。”

数学也是这样。如果你把它了解为一个进行算术运算——求得长度和面积，以及计算成本和利润——的工具，它就是一把锤子，或者一把螺丝刀。如果你认为它是用以描述重力或染色体的几何形状的，你可能便会把它想像成专为物理学和生物学领域而创立的语言。上一堂几何课或微积分课，你或许又会把数学视为发展分析技巧的一种手段，适用于商业、法律或医务之类职业的一种训练科目。最后一种看法就是连锁旅店的创始人康拉德·希尔顿的看法。他在他写的《作我的客人吧》一书中是这样表述的：

> 我不力图使人相信，微积分，或者甚至代数与几何，乃旅馆经营所必需。但我要长期大声疾呼，它们绝不是钉在普通教育上的无用装饰物。对我来说，在任何情况下，迅速系统地阐述问题，把每个问题归结为最为简单明了的形式，是特别有用的。你确实不用代数公式，但是……我发现，为发展这一过程所必需的脑力活动，高等数学是最佳可能的锻炼……

全面的数学智能的训练，可以防止任何

一种趋势被一些不相干的东西搅得模糊不清，或引入歧途……

希尔顿不是强调数学重要性的唯一商业家。充满传奇色彩的金融学家瓦伦·巴佛特的伙伴查理斯·蒙格尔，1994年在南加利福尼亚大学的一次谈话中，向学商业的学生们建议：

> 首先是数学。你必须学会数的处理——基本运算。对于复利计算，排列组合的初等数学是大有用场的模型。这只是十分简单的代数，学起来不难。难的是你要做到日常化，几乎每天都用。
>
> 在哈佛商学院，把一年级学生结合在一起的竟是决策—树论。他们学习代数，并把它应用于现实生活问题。学生们惊奇地发现，中学代数在生活中是有用的。

触摸这只数学大象，还有许多别的方式。如果你体验到它的某些发现与论证的美妙，你便可把数学视为一种艺术形式，就像音乐或者绘画一样。如果你考虑到它的一些撩人心弦而又未获解答的问题，你甚至可以把它同地球上一片未开发的区域相比较。所有这些描写都是正确的，但没有一个道出事情的全部。

触摸这只数学大象，还有许多别的方式。如果你体验到它的某些发现与论证的美妙，你便可把数学视为一种艺术形式，就像音乐或者绘画一样。

如果你触摸数学，主要是通过按一天一页的速率安排的一长串枯燥计算，或者是未加解释的一长串没头没脑的公式，你就会有一种最为偏颇的看法。在这种情况下，你可能会把数学视为一种惩罚；当你有权责备你的老师或课本时，你就会加以责备。

一门课程的教法肯定会影响孩子的学习好坏。看看这样的一群孩子吧：他们因为法语课不及格就宣布："我是没有希望了。我就是没有语言天才。"他们完全忽略了他们已经掌握英语。如果这些学生花费一两年的功夫学习法语，他们很可能学会流利地说法语，甚至好到足以挣一个A+到手。教师给的评分并不能衡量这个孩子，而只是表明在一个特定的教学模式下这个孩子完成得怎么样。在某种意义上，它也是对教师的评估。

在所有课程中，数学可以教得最好，也可以教得最坏。在数学课中，所有卡片都可摆在桌上：没有什么东西必须来自信念或某某权威人物的判断。一切都是有道理的。在一位准备充分的教师指导下，学生可以自己进行实验，自己有所发现，并揭示出许多未被告知的基本原理。这些实验不需要高档设备。铅笔和纸，一个计算器，一把尺子，一根绳子，骰子，以及若干个便士就够了。

在数学课中，所有卡片都可摆在桌上：没有什么东西必须来自信念或某某权威人物的判断。一切都是有道理的。

阅读提示

YUE DU TI SHI

如果说在小学阶段你学的还是一种简单的算术的话，现在你真的已开始触摸数学这只大象了！这篇文章的作者想告诉你学数学是很必要的。学数学并不可怕。其实他想说的还有很多，比如数学是很优美的，差不多就是一种艺术等等。他写的是好厚的一本书，我们只是节选了开篇的一点点。读这篇文章，我们的建议有两点：

1.记住最后一段文字中关于数学课的论断：没有什么东西必须来自信念或某某权威人物的判断。一切都是有道理的。——以后你自己可以去验证。

2.试着去想想一个与数学本身关系不大的问题。即：为什么作者在论证学数学的必要性时不引用大数学家的话，却去引用像希尔顿饭店老板这样的大商家的话？想想吧，这个问题挺有趣的！

数学的魅力*

[挪威]纽　特

“学数学为什么这么困难？”“学这种东西有什么用处？”你在上数学课时，可能也有这样的疑问。问这种问题并不蠢，可是死背老师教的东西就很蠢了。

第一个问题可以简单回答：“人所以会对数学感到头痛多半是因为头脑不适合计算。”对于生活在大自然中的原始人来说，数学这种东西应该是一点用处也没有，因为他们最重要的事情是能够活到明天，而人的身体构造从那时候到现在并没有什么改变，因此你的大脑在丛林里寻找老虎时远比思考二加二来得灵活。

要证明人脑的这个弱点很容易。请闭上眼睛，试着想像桌上放着五件东西，什么都可以，这里姑且假设是啤酒瓶好了。首先在脑海里想像桌上有五个啤酒瓶，然后再把一个酒瓶放在这张桌子上，这时……会怎样？这第六个啤酒瓶是不是在脑海里显得很模糊？再加入第七个啤酒瓶看看。这时除非把所有啤酒瓶一个个数出来，否则恐怕无法一次想像清楚。事实上，进行这个测验时，只有极少数人才能在脑海中一次想像出八九个啤

【科学的历史】

约公元前530年到公元前314年

约于公元前530年发现“毕氏定理”。

约于公元前500年古埃及人使用最早的计量工具（尺）。

*选自《世界的种子》，李毓昭译，新疆人民出版社2002年版。

约于公元前500年古希腊人使用日晷，将一天的时间加以划分。

约于公元前470年古希腊人阿尔克麦翁开始解剖尸体，确定人的思考中枢是在脑部。

约于公元前460年神医希波克拉底在柯斯岛出生。

约于公元前450年哲学家留基伯认为，自然界发生的一切事情都有自然的原因，和神没有关系。

酒瓶。

所以，听到这个地球上有很多民族没有表示“数量”的语汇时，也没什么好惊讶的。这些民族虽然有“一”这个词，后面的数量却都由“很多”这个词汇来表示，也就是说没有代表“二”、“三”、“四”等数字的话语。

然而，我们的社会却要你在书桌前不停地使用原始人的大脑钻研数学课本。为什么呢？答案有两个，一个是——老师和父母一定已经告诉过你了，我在这里还是重复一次吧，就是在这个世界上生活时，多少有一些数学知识比较有利。

拿金钱来说好了，你也许有一天需要去银行借钱，要避免在这时候为计算借款而张皇失措，就要尽可能多了解数学。当然你可以用计算器，但是万一按错了键，还是必须靠自己去发现这个错误。换句话说，要发现这种错误，就必须具备充分的数学知识。

苏美尔人的智慧

总之，懂得计算比较有利，这也是数学这个东西会出现的原因之一。那是距今5000多年前的事了，当时有一个民族叫做苏美尔人，刚开始在幼发拉底河和底格里斯河流域建造第一座大城，数学就是在这里起源的。

人一开始住在大城市，就会发生许多以前没有遇到过的问题。苏美尔人察觉到这一点，决定向几千名居民收费，也就是说征税，然后用收来的钱筑路、挖掘运河或建造房屋、寺院、城池。

不管是哪一种建设，需要的劳工和建筑材料都远远不是以往的小村落所能比拟的。而且那时候已经有许多苏美尔人在经商，也需要管理自己买卖的商品。

苏美尔人于是想出最早的数学系统，制订加、减、乘、除四则演算的规则，从而解决了生活上的现实问题。譬如建造一间寺院需要花上300天，在这段期间必须供给1000名劳工一天两餐，这时管理阶层的苏美尔人就能够马上计算出施工期间必须准备60万份饮食。因为他们具有计算能力，所以能够预先做好计划。

此外，苏美尔人还知道天上的事情也和数字有关。他们早就注意到，每年都可以在同一个季节的夜空中看到同样的星星。他们还知道，从太阳在盛夏抵达空中最高点到来年返回同一个位置总共需要365天，而满月和满月之间总是间隔29天。苏美尔人最感到不可思议的是，有特别的星星在其他星星之间转来转去，而这种“游荡的星星”——现在称为“行星”——也是很规律地在空中运行。

约于公元前440年德谟克利特主张万物的根源是原子。

光是辽阔的空中景象就够让人兴奋不已了，苏美尔人进一步发觉那里的星星、太阳、月亮和日期、数字有关时，心里一定相当的感动。人类就是从那时候开始频频观测星空，第一个天文学家也许就是苏美尔人。

约于公元前428年阿那克萨哥拉去世。他主张太阳和月亮不是神明而应属于自然界，因此被捕入狱。

几何学的诞生

苏美尔人的王国在距今4000年前为古巴比伦

人所攻占。关于古巴比伦，上过宗教（基督教）课程的人应该都听过，这个王国的首都是巴比伦，也就是以色列人被带往的地方。古巴比伦人不仅征服了苏美尔人，也接收了他们的数学知识，奠定了数学这门学问的基础。古巴比伦人为了了解太阳、星星、月亮和行星如何在天空移动，而制作出正确的天体运行表。有了这份依据数学规则制作的运行表，人们才能开始预测星空的变化。

约于公元前400年古巴比伦人制作占星用的天宫图。

这些知识对当时的一般人来说，一定如同法术。计算技术实际上也运用在这一方面。古巴比伦人相信空中发生的事情会影响日后的地面，因此当时的天文学家也是占卜民众生活的巫师。古代巴比伦的“星星宗教”也称为占星术，一直流传到现在。大部分的周刊杂志不是都有“占星”专栏吗？那就是根据古巴比伦人对星星的数学知识建立出来的。

公元前387年柏拉图在雅典设立最早的学院“阿加德米(Akademeia)”。

还有，古巴比伦人也使用细木棍在黏土盘上刻字。这种黏土盘有几十万块留存下来，大部分是商品的库存单、收据、估价单、天体运行表等等，几乎都没有关于宗教、诗、故事、法律等方面的。从这里可以知道，在古代巴比伦人的日常生活中，计算（以及金钱）是多么的重要。

发明几何学的人也是古巴比伦人。几何学是数学中的一门，研究三角形、圆、四角形、线等计算的学问。“几何学（geometry）”一词的原意是“测量土地”。这项知识要如何运用呢？我们请古巴比伦隔壁的古埃及人民来告诉我们。他们正面临着很特殊的问题。

毕达哥拉斯

埃及人的生活从过去到现在都要依赖尼罗河。以前的尼罗河每年到了春天都会泛滥，泛滥过的河水会冲走用来划定属地的栅栏或石垣，所以每次泛滥之后，农民都必须请人重新测量土地。几何学——亦即“测量土地”就是在这时派上用场的。

古希腊人开始关心自然时，数学在整个中东地区已经很普遍了。可是，希腊人什么都要认定是他们最早想出来的，在这方面也坚持第一个真正的数学家是泰勒斯。

目前已经知道，具备的数学知识能和古巴比伦人相比的古希腊哲学家寥寥无几，其中之一就是毕达哥拉斯。他在公元前 570 年生于萨摩斯岛，一般认为他的学问是由泰勒斯的弟子传授的。毕达哥拉斯是因两个发现而闻名，但是其中之一却和毕达哥拉斯本人没有关系！那就是几何学上有名的“勾股定理”。

这项定理是关于三角形的边长，只适用于三边中有两边呈直角的三角形。所谓的直角就是绑着秤锤的线垂到地上时，与地平面形成的角度。这本书的书页四边就是这样的直角。

三角形有这种直角，而且知道形成直角两边的长度时，就可以计算出最长边（斜边）的长。用公式来说明就一清二楚了。假设较短的两边是 A 和 B，最长的边是 C，那么：

$C\times C=A\times A+B\times B$

实际上测量各个边长就能证明这个公式。你

公元前 384 年
亚里士多德在古希腊北部的斯塔吉拉城出生。

公元前 370 年
希波克拉底去世。

可以尝试在这一页从左上角到右下角画一条直线，把这一页分成两个三角形。这时可以看出来，这两个三角形都在页边呈直角。接着用尺测量斜线的长度，然后把这数字乘以它自己。同样的，也测量这一页的长和宽，两个数字各乘以自己以后相加，应该会和斜线的长度自乘的结果一样。

公元前352年 中国天文学者写下“超新星”的观察记录。

这个“毕氏定理”其实是建造金字塔时使用的“三角测量法”，为古埃及人所发现。从此以后，也用来测量山峰的高度或星星之间的距离。

另一个发现应该真的是来自毕达哥拉斯本人：竖琴每一条弦的长度如果呈一定的比例，这些琴弦发出的声音就会很清晰。琴弦的长度可以用数字表示，所以毕达哥拉斯认为美丽的音色背后存在着“数字”，而为音乐创造出数学性的规则。

公元前350年 亚里士多德写出伦理学著作《欧加农》，并在同时尝试动物的分类法。

毕达哥拉斯曾经在古巴比伦求学，因此知道巴比伦人如何计算天体的运行。音乐和天空的星星虽然是完全不同的两回事，毕达哥拉斯却能发现这两者都依循着数学性规则。他还进一步推想到，自然界所有一切的背后都存在着数字，就像泰勒斯心目中的水，数字对毕达哥拉斯来说就是所有一切的“根源”。

但是，毕达哥拉斯后来的发展可和泰勒斯不一样，他创立了一种“宗教”，神明就是数字。这种新兴宗教吸引了许多信徒，并逐渐有了“毕达哥拉斯学派”的称号。这个学派在毕达哥拉斯过世之后，依然维持了几百年。学派的活动非常神秘，据说把内容泄露出去的人会遭处决。

公元前335年 亚里士多德在雅典创设自己的学院“吕克昂”。

毕达哥拉斯的思想也许在现今让人觉得很怪

异，可是毕达哥拉斯确实有过一项重要的发现。

公元前322年 亚里士多德去世。

数学教科书

接下来终于可以谈到你学习数学的第二个理由了。首先要说的是，自然界发生的许多事情实际上都是依循着数学法则，虽然数字未必是所有一切的“根源”，但是几乎所有现象都可以用数字来表示。因此，如果你完全没有数学知识，就很难了解自然界所发生的事情。

古希腊的哲学家也很清楚这一点，这也是他们为数学着迷了几百年的原因之一。毕达哥拉斯

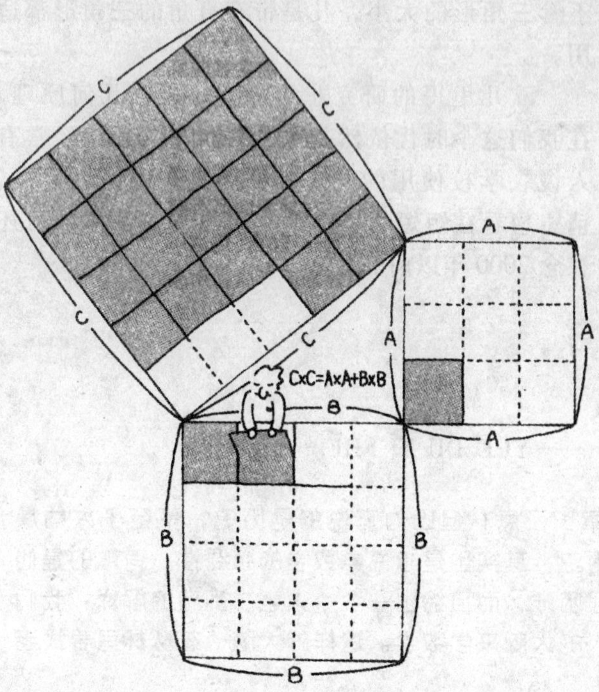

时代的数学放进了太多东西，容易产生纷杂的错误。为了钻研数学这个领域，就必须有把规则订得井然有序的新数学。这种新数学约在公元前300年时出现，像数学家欧几里得就写了《几何原理》，记载着种种图形问题的数学证明。

公元前320年
柏拉图和亚里士多德的弟子泰奥弗拉斯托斯写出最早成一体系的植物书籍。他因此被视为植物学的始祖。

公元前314年
泰奥弗拉斯托斯写出与雅典买卖的矿物有关的书籍《石头论》。这是地质学上最早谈及矿脉的书。

数学证明就是证明公式所表示的事实是绝对正确的。拿勾股定理来说，我们怎么知道这个定理对所有直角三角形来说都是正确的？三角形有大有小，同一个公式不见得都成立，不是吗？但是，只要是念过《几何原理》的数学家，就不会为这样的问题苦恼，因为他能够证明出勾股定理不管三角形的大小，凡是带有直角的三角形都适用。

欧几里得的研究非常的重要，《几何原理》在我们这个时代依然是数学教科书。近来经常有人说，学校使用的数学教科书太老旧了，可是，请想想看在短短的100年前，19世纪的学生可还在念2000年以前的教科书。

阅读提示 YUE DU TI SHI

这篇文章长了点！但因为它说的是历史，不至于太枯燥吧？作者说历史，其实也是想说学数学的必要性。有趣的是他承认学数学很困难，而且给出一个令人意想不到的解释：我们是在用原始人的大脑来学数学。这样的大脑“在丛林里寻找老虎时远比思考二加二来得灵活”。这不是在搞笑。有一本《我们为什么生病》也讲到，由于我们人类在生物体进化上到新石器时代就已停滞不前，我们的身体其实并不适应现在的文明生活，许多文明病就因此发生。读书常常会有意外收获。这篇文章提出的这个观点就是一个例子。还有，在弄明白作者论述学数学为何必要的两个理由的同时，我们也了解到不少有关数学史和思想史方面的知识，它们也许比那两个理由更重要。

印度人的智慧*

［挪威］纽　特

数字

阿拉伯人拿来用在实际生活的最重要发明，不是来自于古希腊，而是印度。这个发明已经在现今为全世界所使用，而且是每天都在用。我们在使用的时候，却想都没想过那是从哪里来的。这项发明与数字有关。印度人使用数字已经有好几千年，和苏美尔人一样，他们也在距今几千年以前建造了大城市。你应该还记得，建造城市时必须用到数字或数学。不过，印度人对数字有兴趣还有另一个特别的原因，那就是他们所信仰的印度教和数字有很深厚的关系，而且是非常庞大的数字。

宗教在叙述世界的悠远长久时，经常会采用“那是几千年以前的事情”这样的说法。拿圣经来说，就记载着地球是在距今不过4000年时创造出来的。然而，印度教偏好更巨大的数字。依这个宗教的说法，世界是在几十亿年前形成的。这么大的数字，即使是远古印度，也不会在平常用到。连我们开始以亿为单位数钱也还是不久前进入现代以后的事情，因此从前根本没有人写过这么大

宗教在叙述世界的悠远长久时，经常会采用“那是几千年以前的事情”这样的说法。拿圣经来说，就记载着地球是在距今不过4000年时创造出来的。然而，印度教偏好更巨大的数字。依这个宗教的说法，世界是在几十亿年前形成的。

*选自《世界的种子》，李毓昭译，新疆人民出版社2002年版。

的数字。

古希腊人对于大得超过某一程度的数字，全部统称为muriades，问题就这样“解决”了。这个词汇——英文是myriad——到现在仍被沿用为“无数”的意思。可是印度人并不以此为满足，因而出现与数字有关的重要发明，亦即创造出独特的记号来表示各个数字。

古希腊人是用一般的字母来表示数字，而罗马数字也和古希腊人的一样，虽然应用范围有限，却一直沿用到现在。古罗马人约定用字母“I”来表示数字“一”，并以“V”表示“五”，“X”是“十”，“L”是“五十”，“C”是“百”，“D”是“五百”，“M”是“千”。可是这么一来问题就出现了，你可能也猜得出来，就是常常会搞不清楚是数字还是文字。如果同一页既有罗马数字又有单字，连数学家也很头痛。罗马数字还有一个问题，就是即使数字很小，书写的方式也很复杂。例如“337”，虽然只有三位数，依罗马数字的写法却是“CCCXXXVII”，多达9个字母。

创造独特的表数记号时，面对的问题就是如何“定位”。数字是无限的，不管你想出了多大的数字，我都能随时说出比那个更大的数字。因此，如果要为每个数字定出一个记号，那可是永无止境的。

印度人发现，用十个记号排列组合，就可以表现出任何数字。只是有一个条件，就是必须事先知道并排的记号各自代表的倍率。在印度式的数字系统中，记号（数字）的排列方式非常重要。

印度人发现，用十个记号排列组合，就可以表现出任何数字。

这方面只用文字表达有点困难，我们现在就用实际的数字来说明看看。例如“3764”这个数字就是印度式数字系统的写法。根据印度的数字，最右边的位置一定是表示“个位”，所以“3764”这个数字最右边的“4”代表的实际值是“4×1”。“个位”左边的第一个位数是“十位”，在这个位置上的是“6”，所以意思是“6×10”。而每往旁边移动一位，乘数就要增加10倍，因此，“十位”的左边数字就是“百位”。现在这个位置是“7”，所以数值是“7×100”。而最左边的“3”是在“千位”，所以是“3×1000”。全部加起来就是“3000+700+60+4”。

现在把这个四位数中的“3”和“7”对调，结果就是“7364”这个数字，差不多是之前那个数字的两倍。换句话说，数字排列而成的全部数值是依数字所在的位置而定。罗马数字就不是这样了，用罗马数字来表示“3764”是“MMMDCCLXIIII”，“7364”则是“MMMMMMMCCCLXIIII”。除了这个，还有别的写法。所以如果你现在觉得上数学课很痛苦，想想为数学伤透脑筋的古罗马人，应该就会感到有点安慰了。

想想为数学伤透脑筋的古罗马人，应该就会感到有点安慰了。

零的发现

话说回来，有些数字并没有“个位”数，这时该怎么办呢？也许你觉得很难相信，但是这个问题确实让数学家头痛了好几百年，最后由印度人解决了。印度人创造出一个记号，用来表示数字中的空位，记号的形状就是“0”。例如“450”

有些数字并没有“个位”数，这时该怎么办呢？也许你觉得很难相信，但是这个问题确实让数学家头痛了好几百年，最后由印度人解决了。印度人创造出一个记号，用来表示数字中的空位，记号的形状就是“0”。

这个数字，最右边的“0”代表“个位”是空的。如果是“703”，就表示“十位”是空的。

要顺利使用印度式的数字系统，就不能没有我们称为“零”的记号。这个天才的发明究竟是在什么时候出现的，我们并不清楚，只知道第一位在著作中谈到“零”的数学家的名字，他就是公元598年出生于现今巴基斯坦辛德镇的婆罗摩笈多。

印度式数字的最大优点之一就是很容易计算，即使要把位数很多的数字加起来，也只要把这些数字直排对齐，再将各个位数相加就可以了。“十位”的数字和“十位”的数字相加，“百位”的和“百位”的相加……你以前应该也照这样算过很多次了，只是没有发觉这个方法有多么的方便。

计算对古希腊人和古罗马人来说，实在是太困难了，因此他们总是尽可能地回避这个问题。连简单的乘法和除法，他们也必须使用“算盘”。所以如果你和欧几里得比赛计算“79×23”这个乘式的速度，条件是你不用计算器，他也不用“算盘”，你应该能打败这位伟大的数学家。

阿拉伯人很早就发觉，印度式的数字比罗马人的好用多了。最早了解到这种方便性对做学问有多么重要的是阿拉伯数学家，伊朗出生的阿尔-花拉子密。他一边在巴格达的“智慧馆”上班，一边写出多本与遗产计算法有关的书籍，而且也留下了一本重要的数学书《印度算数》。研究数字性质和计算规则等方面的数学——亦即几何学之

计算对古希腊人和古罗马人来说，实在是太困难了，

所以如果你和欧几里得比赛计算“79×23”这个乘式的速度，条件是你不用计算器，他也不用“算盘”，你应该能打败这位伟大的数学家。

外的一切——特称为“代数（algebra）”。

商人也都使用这种新数学。事实上，数学知识在整个阿拉伯普及开来就是因为商人的关系。多亏了印度式的数字系统，阿拉伯商人才能在脑子里迅速算出数字。这个地区的人到现在依然认为，快速计算是商人的重要能力。虽然在我们的国家，依标价购买商品是理所当然的，但是在这个世界上，每买一样东西都必须和卖方讲价的国家也非常的多，去过外国的人一定都有过“杀价”买东西的经验。

不论你喜不喜欢数学，看到譬如“1000”和“228”这两个数字，你可以立刻判断出哪一个比较大，因为一眼就能看出两者的位数不同。然而，对罗马人来说，却连这一点都很困难。例如“CCXXVIII（228）”的数字比“M（1000）”小，看起来却大很多。

就算你的脑筋不擅长处理庞大的数字，你对数字的感觉再怎么说也是从古印度人的发明中培养出来的。不论你喜不喜欢数学，看到譬如“1000”和“228”这两个数字，你可以立刻判断出哪一个比较大，因为一眼就能看出两者的位数不同。然而，对罗马人来说，却连这一点都很困难。例如“CCXXVIII（228）”的数字比“M（1000）”小，看起来却大很多。

到了12世纪，阿拉伯人开始与欧洲人交易。当时的欧洲还在使用罗马数字，因此那时的罗马人目睹阿拉伯人高强的计算能力，一定非常的吃惊。可是他们并不能学习这种新技术，因为在基督教统治的欧洲，阿拉伯人被视为“恶魔的手下”，甚至有人说他们的知识是从地狱得来的。直到16世纪以后，欧洲大部分地区才开始使用印度式的数字。

阅读提示

YUE DU TI SHI

曾经创造过伟大文明的古希腊、古罗马人对计算感到非常头疼，这你可能没想到吧？我们如今习以为常的数字和计算法，实际上是人类的一项重大发明。我们中国人也是近代才从欧洲引进印度人发明的数字的，而欧洲人又是从阿拉伯引进的，所以我们习惯于叫它们阿拉伯数字。建议你读完这篇文章后试着去考察一下中国古代是怎么计数的。还有，试着去想想我们身边还有哪些习以为常的东西其实是人类的重大发明。可以给你一个提示，比如说钱币。纸币和硬币的发明权可能都属于中国，你如果有兴趣可以进一步去考察其年代。

说一说圆*

[美] 泽布罗夫斯基

风滚草以滚动的方式在草原上移动，枫树籽以旋转的方式在地面上传播，激流以漩涡的方式滚滚向前。非洲的某些蚂蚁在遇到洪水威胁时，会聚成一个球，以滚动的方式逃生。一只苍蝇停在平静的湖面上，一条鱼冲上来把苍蝇吞下，湖面上荡起环形的波纹，从中心向外扩展。溪流中的鹅卵石被水流磨成圆形，在地上可以像陀螺一样旋转，对此古代的儿童也司空见惯。

以上都是“圆”的实例。当然，从几何学的观点看这些都算不上严格的圆，但是它们确实激发了人类形成“圆”的概念。而且，这些不严格的圆是非常有用的。远在发明文字以前，人类就开始用各种圆装饰自己的身体：戒指、手镯、脚镯，等等。原始人的房子也通常建成圆柱形或半球形。陶罐被制成圆形。如果我们用黏土制造盛水或粮食的容器，我们会选择什么形状呢？我们肯定不会选择方形，因为方形罐子的角部很容易被碰坏。圆形罐子更耐用，制造起来也更容易。此外还有一个优点：在容积不变的前提下圆形罐

*选自《圆的历史：数学推理与物理宇宙》，李大强译，北京理工大学出版社2003年版。

子最节约材料。当我们用罐子盛水时，我们要同时负担水的重量和罐子的重量，罐子的重量越轻就意味着我们的劳动效率越高。在这个考虑之下，圆形罐子是最佳选择。

通过对延续至今的石器文明（如美洲土著部落和非洲亚撒哈拉人部落）的研究，我们发现圆形经常出现在宗教典礼和政治仪式之中。果实、种子、帐篷、罐子等都是圆形的，这些圆形或者有利于生物的生存，或者有利于人类的效率。夜空中的圆最接近于完美，这些圆象征着大自然最高的和谐与秩序。人类最早的文字记载和更早的考古发现表明，古代人把天空作为至善和真理的源泉。

夜空中的圆最接近于完美，这些圆象征着大自然最高的和谐与秩序。人类最早的文字记载和更早的考古发现表明，古代人把天空作为至善和真理的源泉。

星空中的圆

除了太阳和月亮的形状以外，天空中的圆形是相当隐蔽的。当我们在地球上仰望星空时，我们不可能一眼就发现天体在沿着圆形轨道旋转。我们看到的只是日出日落，星辰在不同的时间出现在不同的位置。美索不达米亚和古埃及的牧羊人经常在星空下守护羊群，在数千个夜晚里他们仰望北半球的天空，看到今天所谓的仙后星座、大熊星座、小熊星座等。这些星座总是保持固定的形状和恒定的相对位置。比较每个夜晚的观察结果，可以发现所有的星星作为一个整体围绕一个固定点旋转，就好像他们被钉在一个巨大的转盘上一样。图 1 是现在的北部夜空定时曝光照片。照片显示，星星们以北极星为中心旋转，留下一条条圆形轨迹。古代人没有照相机，但是通

古代人没有照相机，但是通过大量的观察，机敏的古代观测者发现了星空的旋转。星星在“完美”的圆周上旋转，日复一日，年复一年。圆心固定在北方地平线之上的一点。

过大量的观察，机敏的古代观测者发现了星空的旋转。星星在“完美”的圆周上旋转，日复一日，年复一年。圆心固定在北方地平线之上的一点。

图1　北方地平线方向的星空定时曝光照片

当然，有些天体并不沿着圆形轨迹运行，比如行星、彗星，以及转瞬即逝的流星。此外，太阳和月亮在一年中的运行轨道也不是规则的圆形。但是，群星中的绝大多数始终在圆形轨道上运行。与星空中的圆相比，地球上的圆只是拙劣的模仿。

关于六和六十

用一个木桩和一根绳子可以画出一个很精确的圆：把绳子的一端系在木桩上，另一端拴上一根棍子，绷紧绳子绕木桩一周，棍子就在地面上画出一个圆。古代美索不达米亚人已经知道这个方法。由于曲线上的每一个点距中心的距离相等，所以得到的图形一定是圆。

如果我们面对的是圆的一部分，就像图2中

的一段弧，我们如何描述这段弧呢？美索不达米亚人的方法是把一个圆周均匀地分为 360 份，其中每一份称为一度。

如果我们面对的是圆的一部分，就像图 2 中的一段弧，我们如何描述这段弧呢？美索不达米亚人的方法是把一个圆周均匀地分为 360 份，其中每一份称为一度。

为什么要分成 360 份呢？我们没有确切的答案，但可以大致地推测其原因。我们知道，一个圆可以非常方便地分成 6 个相等的部分。如图 2 所示，美索不达米亚人已具备此知识。我们只需在圆周上标记 6 个点，相邻两点的距离等于半径。我们不需要考虑圆周的长度，因为分割动作与弧无关。6 次分割以后我们又回到起点。在我们考虑把整个圆周分为多少度的时候，这个数最好能被 6 整除，因为在几何学上圆周 6 等分非常方便。

此外，这个数最好能被 4 整除。四分之一圆周是一个直角，而直角在古代建筑中很常用，建筑师总是沿水平方向铺地板，而沿垂直方向建墙。什么数可以同时被 4 和 6 整除呢？12，24，36，48，如此等等，以至于 348，360，372。这个系列中的第二个数是 24，而一天恰好是 24 个小时，我们很难相信这是巧合。现在我们还有一个问题：既然这个

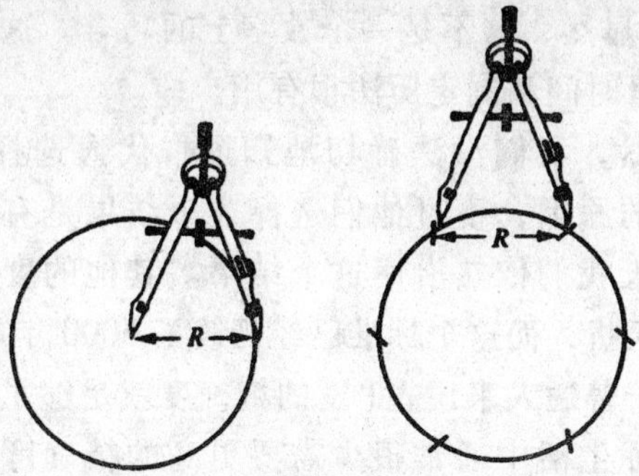

图 2　六等分圆。圆的半径为 R

什么数可以同时被2、3、4、5、6、8、9和10整除呢？最小的符合要求的数是360。

我们没法确切地知道古代人选择360这个数的原因，不过他们选择这个结果是有道理的，今天我们依然沿用这个结果。其他的度量标准都已夭折，而这个标准已经延续了6000年。

系列中的每个数都能被4和6整除，为什么最终选择了360呢？

这是因为360包含最多的因数。我们可以设想一群古代专家聚在一起，研究应当把圆周分为多少度。大家都熟悉用10计数，因为人有10根手指，所以大家很自然地希望这个数能被10整除。此外，没有人反对这个数应该能被4和6整除，因为圆的4等分和6等分在几何学上具有特殊意义。当然，如果这个数还可以被其他数整除，也是有意义的。什么数可以同时被2、3、4、5、6、8、9和10整除呢？最小的符合要求的数是360。可能有人会质疑为什么不把7考虑进去，这是因为如果把7也作为因数，就要把圆分为2520度。2520这个数太大了，用起来很不方便，况且需要把圆7等分的情况也不多。此外，360与一年所包含的天数很接近，这是一个潜在的优势。(把一个圆周分为360度，太阳在众多的星座中穿行，每天前进1度。）进一步说，360天 = 12×30天，30恰好与一个阴历月的天数接近（29.53059天）。很显然，这不是一个数字上的巧合。这个关系对测量时间和制定历法很有用。

当然，我们没法确切地知道古代人选择360这个数的原因，不过他们选择这个结果是有道理的，今天我们依然沿用这个结果。其他的度量标准都已夭折，而这个标准已经延续了6000年。

对于普通人来说，1度的精确度就足够了，我们在实际生活中通常很少需要更高的精确度。但是人眼是相当精确的。在圆周上确定两个点，如果两个点之间的角度不低于1/30度，一个视力正常的人从圆心观察可以区分这两个点。这个结论与圆的物理尺寸无关，即使观察对象如星星那样遥远也是如此。如果两个星星之间的夹角小于1/30度，在视力正常的人看来，这两个星星是一个点；如果夹角大于1/30度，依靠正常视力可以区分这两个星星。

这说明我们有必要对1度做进一步的分割，至少分割到1度的1/30。实际上，我们再次采用了60等分。把一个圆6等分，得到6个相等的扇形，每个扇形60度。把每1度分成60个部分，每部分称为1“分”（拉丁语记为“*pars minuta*”）。于是，1度包括60分，一个60度的扇形包括60×60分，一个整圆包括60×60×6分。

16世纪人类发明了光学望远镜，人类开始有能力分辨小于1分的角度。观测能力的进步要求我们更精确地表示角度，于是1分又被分为60份，每份称为1“秒”（拉丁语记为“*pars minuta secunda*”）。于是，1分包括60秒，1度的扇形包括60×60秒，一个60度的扇形包括60×60×60秒，一个整圆包括60×60×60×6秒。没有必要再对秒做进一步分割，如果我们需要更精确地表示一个角度，十进制小数的表示法更加方便。

到19世纪晚期，科学方面的教科书普遍采用十进制小数表示角度。例如，如果我们要表示一个25分的角度，我们不采用“25/60度”，而是采用“0.41667度”。当然，0.41667不是绝对精确值，因为25/60是一个无限循环小数，但是在实际的科学应用中这是一个无关紧要的缺点，因为超越观察精度和测量精度的精确性是没有实际价值的。

在某些领域（如测量、航海等）内，“度-分-秒”的标准依然沿用。这个标准可以转化为十进制小数，例如：

$$32\text{度}44\text{分}27\text{秒}=32°44'27''$$
$$=32+40/60+27/3600\text{度}$$
$$=32.74083°$$

现在的许多计算器上有一个专门的功能键，可以直接把用“度-分-秒”形式表示的角度转化为十进制小数。

阅读提示 YUE DU TI SHI

圆这种东东（借一个你们爱用的网上用语！）其实是说不尽的！它在数学世界和物理世界里都占有十分重要的位置。圆周率π是数学世界中最重要的一个常数，“星空中的圆”是我们最大的时钟（以后你再看星空时可能会多留了一个心眼）。再想想轮子吧，从钟表到宇宙飞船，人类发明的机械有哪一样离得开轮子？关于“六和六十”也很值得琢磨：是呀，为什么圆（角度）的计量没有采取十进位制呢？记住了：作者说了一些很有启发性的看法，但并没有给出确切的结论。关于圆，你可以琢磨下去的东西还有很多很多。你要知道，公元前212年，古希腊最伟大的数学家、工程师阿基米德死于叙拉古城，临死前喊出的最后一句话就是：“不要踩坏我的圆！”——那时候他还蹲在大理石地面上证明一条几何定理，攻陷叙拉古城的罗马士兵踩坏了他的圆并杀害了他。

阿基米德像

神奇的 π*

[美] 布拉特纳

在所有的数学符号中，最神秘、浪漫，受人误解最深，却也最吸引人的符号，也许就是 π 了。

——沙夫《π 的本质和历史》

在这个充斥着高科技精密仪器的世界，我们总以为完美并不是梦想。难以想像的是，我们连圆周除以直径的简单问题，都未彻底解决。圆周率 π 的值，已让数学家困扰了将近四千年。

在这个充斥着高科技精密仪器的世界，我们总以为完美并不是梦想。难以想像的是，我们连圆周除以直径的简单问题，都未彻底解决。圆周率 π 的值，已让数学家困扰了将近四千年。从没有任何数值能让他们钻研得这么起劲，投入这么多心血；让他们苦思出一大堆理论，最后又将它们丢进垃圾桶。

当然了，只要拿个铁罐和一根线，就能求出圆周约是直径的三倍。拿支精度为 0.1 毫米的金属尺，就能测量出圆周率是 3.1415+。还有其他更精确的计算方法，能求出圆周率为 3.141592653……每多一个小数位，就代表更精确十倍。但不论你如何计算，不论你研究出多么高明的测量方法，你就是无法求出圆周率的值。

但从古到今的数学家已耗费了大半生的精力，

* 选自《神奇的 π》，潘恩典译，汕头大学出版社 2003 年版。

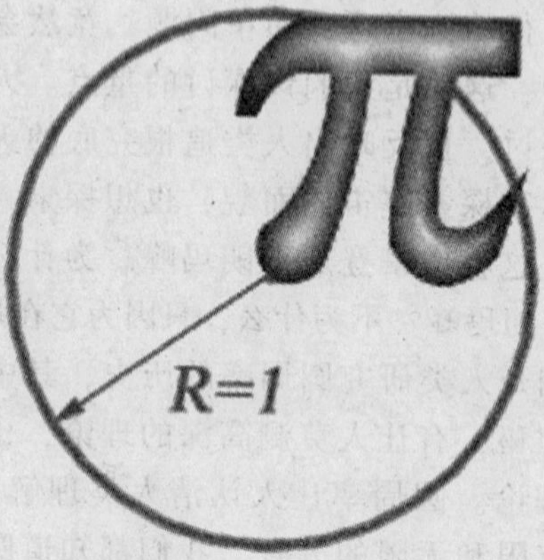

只为了尽可能多求出几个数字。目前的纪录已超过了小数点后510亿位，这都是人脑和电脑共同努力的成果。但这样做有什么意义？再精确的测量，也不必用到多达百个小数位的圆周率。事实上，就算对最挑剔的工程师而言，有7位小数的圆周率就已绰绰有余；物理学家顶多也只会用到有15到20个小数位数的圆周率。既然如此，这些数学家为何如此多事？

我写这本书，部分就是为了探讨这个问题。但遗憾的是，这个问题并没有一个标准答案；但大部分的事物不也是这样？计算圆周率的值，是测试电脑计算能力最好的方法之一。只要算错一个数字，就会导致一连串错误的数值。每当有人想尝试打破这项世界纪录，他就会发现他的软硬件中，难免有些无法确认的潜在瑕疵。

但就算我们能求出小数点后的更多位数，这

计算圆周率的值，是测试电脑计算能力最好的方法之一。只要算错一个数字，就会导致一连串错误的数值。每当有人想尝试打破这项世界纪录，他就会发现他的软硬件中，难免有些无法确认的潜在瑕疵。

翻开人类研究圆周率的历史，其中充满了神话和神秘，有让人莫测高深的理论，也有愚不可及的理论。圆周率让人认清人类理解力的极限，点出有限和无限的分野。

也无法帮助我们了解圆周率的本质。为什么圆周长和直径的比率这种简单问题，竟然会演变得如此复杂？这才是我们该探讨的重点。人类对圆周率的探讨，正反映出人类追根究底的天性。人类不但亟欲探索宇宙的面貌，也想探索人类心智的极限。这就像攀登珠穆朗玛峰。为什么有人会去登珠穆朗玛峰？不为什么，只因为它在那里。

翻开人类研究圆周率的历史，其中充满了神话和神秘，有让人莫测高深的理论，也有愚不可及的理论。圆周率让人认清人类理解力的极限，点出有限和无限的分野。我们都知道圆周率是圆周除以直径之值,它普遍存在于数学、物理、统计、工程、建筑、生物、天文，甚至艺术等范畴中。在声波和海浪的节奏中，也隐藏着圆周率的身影。它不但存在于几何世界，在自然界中也无所不在。

柏拉图（Plato）说："上帝按几何原理行事。"现在我们已利用世上最快速的电脑，求算圆周率精确到小数点后数十亿位；但我们仍看不出其中有何规律。我们不禁要问：到底要求到小数后第几位，才能揭开π的秘密？

如果我们能更了解这个数值，如果能找出这一长串数字的规律性，或各种圆周率公式之间的关联，我们对宇宙的数学和物理性，就会有更进一步的认识。但这个数字总是如此扑朔迷离，让人始终无法进一步了解它。

在人类探究圆周率的历史中，充满了精彩的情节；其中有喜有悲，更有不厌其详的钻研。也许就像建筑大师米斯梵德罗（Miesvander Robe）说的："上帝存在于万有的秋毫之末。"难怪数学家会以宗教狂热般的执著，朝小数点后不断钻研，希望能找出一些蛛丝马迹。柏拉图（Plato）说："上帝按几何原理行事。"现在我们已利用世上最快速的电脑，求算圆周率精确到小数点后数十亿位；但我们仍看不出其中有何规律。我们不禁要问：到底要求到小数后第几位，才能揭开 π 的秘密？

阅读提示 YUE DU TI SHI

这篇文章选自一本书的绪论，那本书的书名就叫《神奇的 π》。书一开篇提到一个古老的数学难题——“化圆为方”的问题。所谓化圆为方，就是通过几何作图或数字计算，作一个正方形，其面积必须与一个（任意给定的）圆的面积相等。这是一个由古希腊人出的难题，如果用高等数学就不难解决。你可以用你学到的平面几何和数学知识试着去考虑一下这个问题的解法。由此你可能会认识到，有些看上去很简单的事实际上很不简单，还可能会认识到 π 的神奇。当然啰，千万不要走火入魔！比如，不要发誓说解不出来就不睡觉。

欧几里得的《原本》*

[美] 邓纳姆

公元前4世纪的最后30年，马其顿国王亚历山大大帝即位，并出发征服世界。公元前332年，亚历山大大帝征服埃及，随之在尼罗河口建亚历山大城。这座城市发展极为迅速，据说在其后30年间，人口已达50万。而更为重要的是，在这座城市中建立了宏大的亚历山大图书馆，这座图书馆很快便取代了希腊学园，成为世界的学术重镇。亚历山大图书馆藏有600000多部纸莎草纸文稿，其藏书之丰超过了当时世界上的任何一个图书馆。的确，在整个希腊和罗马统治时期，亚历山大城始终是地中海地区的思想中心，直到公元614年被阿拉伯人摧毁。

公元前约300年，在亚历山大城吸引的众多学者中，有一位名叫欧几里得。他来到亚历山大城，创办了一所数学学校。我们对欧几里得的生平和他到达非洲海岸前后的情况都知之甚少，但他似乎曾在希腊学园接受过柏拉图弟子的训导。不管情况是怎样的，欧几里得的影响十分深远，实际上，所有后来的希腊数学家都或多或少地与亚历山大学校有过某种联系。

* 选自《天才引导的历程》，中国对外翻译出版公司1994年版。

欧几里得在数学史上声名显赫，得益于他编纂的《原本》。这部著作对西方思想有着深远的影响，人们一个世纪又一个世纪地研究、分析和编辑此书，直至现代。据说在西方文明的全部书籍中，只有《圣经》才能够与欧几里得的《原本》比美。

据说在西方文明的全部书籍中，只有《圣经》才能够与欧几里得的《原本》比美。

得到人们高度评价的《原本》是一部大型汇编书籍，全书分为13篇，465个命题，其涉及范围，从平面几何、立体几何到数论，无所不包。今天，人们一般认为，在所有这些定理中，只有比较少的一部分是欧几里得本人创立的。尽管如此，但从整个希腊数学体系来看，他毕竟创造了一个数学宝库，它是如此的成功，如此的受人尊崇，以至于所有前人的类似著作都相形见绌。欧几里得的著作很快就成为了一种标准。如此一来，如果一个数学家说到I.47，就只能意为《原本》第一篇第47命题，而无须解释我们所说的是《原本》，犹如人们一提到“I《列王记》7:23”，就知道说的是《圣经》一样。

实际上，这种比较是非常恰当的，因为没有一本书能像欧几里得的大作那样被人看作“数学的圣经”。几百年来，《原本》已出版了2000多个版本，这个数字足以使今天数学教科书的编写家羡慕不已。众所周知，即使在当时，《原本》也获得了巨大的成功。罗马帝国崩溃后，阿拉伯学者将《原本》带到了巴格达。文艺复兴时期，《原本》再度出现于欧洲，其影响十分深远。16世纪的意大利著名学者及100年后年轻的剑桥大学

几百年来，《原本》已出版了2000多个版本，这个数字足以使今天数学教科书的编写家羡慕不已。

学生艾萨克·牛顿都曾拜读过这部巨著。下面，让我们从卡尔·桑德堡著的亚伯拉罕·林肯传中摘录一段，看一看没有受过什么正规教育的年轻律师林肯①，是如何磨砺他的推理技能的：

> “……购买一部欧几里得的《原本》，这部书已有2300年的历史……（他）在外出巡回出庭时，把书装在他的旅行袋里。晚上……别人都已入睡了，他还在借着烛光研读欧几里得。”

人们屡屡提及，林肯阅读莎士比亚和《圣经》，文风受到很大影响。同样，他的许多政论文也明显地反映出欧几里得命题的逻辑发展。

伯特兰·罗素（1872—1970）②对《原本》情有独钟，他在自传中写下了这样一段引人注目的回忆：

> “11岁时，我开始学习欧几里得的书，并请我的哥哥当老师。这是我生活中的一件大事，犹如初恋般的迷人。”

欧几里得天赋超人，与其说他创造了一种新的数学，不如说他把旧数学变成一种清晰明确、有条不紊、逻辑谨严的新数学。这绝不是无足轻

① 林肯：美国南北战争时期的总统。
② 伯特兰·罗素：英国的大哲学家、大数学家。

重的小事。必须认识到，《原本》绝不仅仅只是数学定理及其证明，早至泰勒斯时代，数学家就已对命题作出过论证，而欧几里得对命题作了辉煌的公理化演绎，这是一个根本的区别。在《原本》中，他首先给出要素：23条定义，5条公设和5个公理。这些都是基础，是欧几里得体系的“已知”。他可以在任何时候应用这些要素。利用这些要素，他证明了他的第一个命题。然后，以第一个命题为基础，他可以将他的定义、公设、公理与第一个命题都融合进对第二个命题的证明。如此循序渐进，直至逐条证明所有的命题。

因此，欧几里得不仅仅作出了证明，更重要的是，他是在这种公理结构中作出的证明。这种论证方法的优越性十分明显，其一就是可以避免循环推理。每一个命题都与前一个命题有着十分清晰而明确的联系，并可直接导回原来的公理。懂得计算机的人甚至还能够画出一张流程图，准确显示证明一个特定定理可以应用哪些推导结果。这种证明方法比“投入”法优越得多，因为使用“投入”法，人们总是不清楚以前的哪些推导结果可以应用，哪些不可以应用。而且，在推导过程中，还有一个很大的危险，就是，如果要证明定理A，可能需要应用结果B，但反过来，如果不应用定理A本身，可能又无法证明结果B。这样，就出现了自我相关的“怪圈”，犹如一条蛇吞吃了自己的尾巴。在数学上，显然徒劳无益。

欧几里得不仅仅作出了证明，更重要的是，他是在这种公理结构中作出的证明。这种论证方法的优越性十分明显，其一就是可以避免循环推理。

除此以外，公理化还有另一个优点。由于我们能够明确判别任何命题的前一个命题，因此，如果我们需要改变或消除某一基本公设，我们就能够立即觉察出可能会出现哪些情况。例如，如果我们没有应用公设C或根据公设C证明的任何结果，就证明出了定理A，那么，我们可以断言，即使消除公设C，定理A依然正确。这看起来似乎有点儿深奥，但在存有争议的欧几里得第5公设中，恰恰出现了这样的问题，引起了数学史上一次持续时间最长、意义最深远的辩论。我们将在本章的“后记”中详细讨论这一问题。

《原本》的公理化演绎方法是非常重要的。

因此，《原本》的公理化演绎方法是非常重要的。虽然欧几里得没有使之尽善尽美，但它的逻辑极为严密，而且，欧几里得成功地将零散的数学理论编为一个从基本假定到最复杂结论的连续网络，所有这些，都使之成为其后所有数学著作的范本。时至今日，在神秘的拓扑学、抽象代数或泛函分析领域，数学家们还是首先提出公理，然后，一步一步地推导，直至建立他们奇妙的理论。而这正是欧几里得谢世2300年后的再现。

而且，欧几里得成功地将零散的数学理论编为一个从基本假定到最复杂结论的连续网络，所有这些，都使之成为其后所有数学著作的范本。

阅读提示 YUE DU TI SHI

爱因斯坦最初读欧几里得的《原本》时也感到十分震动。他后来回忆说：“书中许多具体的结论已经模糊了，但思想却依旧鲜明！”——最重要的还是思想。数学是人类思想，《原本》是人类思想史上的一块里程碑。当你开始触摸数学之际，先了解一下这块碑的来历和意义当然是有必要的。不过，这篇文章中最令人神往的情节恐怕还是林肯与罗素读《原本》的那种痴迷感受。你如果还不曾有过相似的体验，不妨去想像一下那种“犹如初恋般”的感觉。任何知识的源头都是鲜活而又迷人的思想。接近“源头”的阅读经验是人生中最宝贵的经验之一。

数学是一种精神*

[美] 克莱因

智力方面的好奇心和对纯思维的强烈兴趣，激励许多数学家研究数的性质和几何图形，并且取得了富有创造性的成果。

智力方面的好奇心和对纯思维的强烈兴趣，激励许多数学家研究数的性质和几何图形，并且取得了富有创造性的成果。今天很受重视的概率论，就开始于牌赌中的一个问题——一场赌博在结束之前就被迫中止了，那么赌注如何分配才合理？另外一个与社会需要或科学没有什么联系的最突出的成就，就是由古代希腊人创造出来的，他们把数学转变成了抽象的、演绎的和公理化的思想系统。事实上，数学学科中一些最伟大的成就——射影几何、数论、超穷数理论和非欧几何，这里我只提到我们将要讨论的内容——都是为了解决纯智力的挑战。

进行数学创造的最主要的驱策力是对美的追求。

进行数学创造的最主要的驱策力是对美的追求。罗素，这位抽象数学思想的大师曾直言不讳地说：

> 数学，如果正确地看它，则具有……至高无上的美——正像雕刻的美，是一种冷而严肃的美，这种美不是投合我们天性的微弱的方面，这种美没有绘画或音乐的那些华丽

*选自《数学与文化》，邓东皋等编，北京大学出版社1990年版。

的装饰，它可以纯净到崇高的地步，能够达到严格的只有最伟大的艺术才能显示的那种完美的境地。一种真实的喜悦的精神，一种精神上的亢奋，一种觉得高于人的意识——这些是至善至美的标准，能够在诗里得到，也能够在数学里得到。

除了完善的结构美以外，在证明和得出结论的过程中，运用必不可少的想像和直觉也给创造者提供了高度的美学上的满足。如果美的组成和艺术作品的特征包括洞察力和想像力，对称性和比例、简洁，以及精确地适应达到目的的手段，那么数学就是一门具有其特有完美性的艺术。

除了完善的结构美以外，在证明和得出结论的过程中，运用必不可少的想像和直觉也给创造者提供了高度的美学上的满足。

尽管历史已清楚地表明，上述所有因素推动了数学的产生和发展，但是依然存在许多错误的观点。有这样的指责（经常是用来为对这门学科的忽视作辩解的），认为数学家们喜欢沉湎于毫无意义的臆测；或者认为数学家们是笨拙和毫无用处的梦想家。对这种指责，我们可以立刻作出使其无言以对的驳斥。事实证明，即使是纯粹抽象的研究，更不用说由于科学和工程的需要而进行的研究了，也是有极大用处的。圆锥曲线（椭圆、双曲线和抛物线）自被发现二千多年来，曾被认为不过是“富于思辨头脑中的无利可图的娱乐”，可是最终它却在现代天文学、仿射运动理论和万有引力定律中发挥了作用。

即使是纯粹抽象的研究，更不用说由于科学和工程的需要而进行的研究了，也是有极大用处的。

另一方面，一些“具有社会头脑”的作家断言：数学完全或者主要是由于实际需要，如需要建筑桥梁、制造雷达和飞机而产生或发展的。这种断言也是错误的。数学已经使这些对人类方便有用的东西成为可能，但是伟大的数学家在进行思考和研究时却很少把这些放在心上。有些人对实际应用漠不关心，这可能是因为他们成果的应用在几百年后才实现。毕达哥拉斯和柏拉图的唯心主义数学玄想，比起货栈职员采用“+”号和“-”号的实际行动来（这曾使某一作家深信“数学史上的一个转折点乃是由日常的社会活动所致”），所作的贡献要大得多。确实，几乎每一个伟大的人物所考虑的都是他那个时代的问题，流行的观点会制约和限制他的思想。如果牛顿早生二百年，他很有可能会成为一位出色的神学家。伟大的思想家追求时代智力风尚，就如同妇女在服饰上赶时髦一样。即使是把数学作为纯粹业余爱好的富有创造性的天才，也会去研究令专业数学家和科学家感到十分激动的问题。但是，那些“业余爱好者”和数学家们一般并不十分关心他们工作的实用价值。

数学已经使这些对人类方便有用的东西成为可能，但是伟大的数学家在进行思考和研究时却很少把这些放在心上。

几乎每一个伟大的人物所考虑的都是他那个时代的问题，流行的观点会制约和限制他的思想。

伟大的思想家追求时代智力风尚，就如同妇女在服饰上赶时髦一样。

实用的、科学的、美学的和哲学的因素，共同促进了数学的形成。把这些作出贡献、产生影响的因素中的任何一个除去，或者抬高一个而去贬低另外一个都是不可能的，甚至不能断定这些因素中谁具有相对的重要性。一方面，对美学和哲学因素作出反应的纯粹思维，决定性地塑造了数学的特征，并且作出了像欧氏几何和非洲几何这样不可超越的贡献。另一方面，数学家们登上纯思维的顶峰不是靠他们自己一步步攀登，而是借助于社会力量的推动。如果这些力量不能为数学家们注入活力，那么他们就立刻会身疲力竭；然后他们就仅仅只能维持这门学科处于孤立的境地。虽然在短时期内还有可能光芒四射，但所有这些成就会是昙花一现。

数学的另一个重要特征是它的符号语言。如同音乐利用符号来代表和传播声音一样，数学也用符号表示数量关系和空间形式。与日常讲话用的语言不同，日常语言是习俗的产物，也是社会和政治运动的产物，而数学语言则是慎重地、有意地而且经常是精心设计的、凭借数学语言的严密性和简洁性，数学家们就可以表达和研究数学思想，这些思想如果用普通语言表达出来，就会显得冗长不堪。这种简洁性有助于思维的效率。J.K. 杰罗姆（J.K.Jerome），为了需要求诸于代数符号，在下面一段描写中，尽管与数学无关，却清楚地表现了数学的实用性和明了性：

> 当一个12世纪的青年坠入情网时，他不会后退三步，看着他心爱的姑娘的眼睛，对他说她是世界上最漂亮的人儿。他说他要冷静下来，仔细考虑这件事。如果他在外面碰上一个人，并且打破了他的脑袋——我指另外一个人的脑袋——于是那就证明了他的——前面那个小伙子——姑娘是个漂亮姑娘。如果是另外一个小伙子打破了他的脑袋——不是他自已的，你知道，而是另外那个人的——对第二个小伙子来说的另外一个，

另一方面，数学家们登上纯思维的顶峰不是靠他们自己一步步攀登，而是借助于社会力量的推动。如果这些力量不能为数学家们注入活力，那么他们就立刻会身疲力竭；然后他们就仅仅只能维持这门学科处于孤立的境地。

因为另外一个小伙子只是对他来说是另外一个，而不是对前面那个小伙子——那么，如果他打破了他的头，那么他的姑娘——不是另外一个小伙子，而是那个小伙子，他……瞧：如果A打破了B的脑袋，那么A的姑娘是一个漂亮的姑娘。但如果B打破了A的头，那么A的姑娘就不是一个漂亮的姑娘，而B的姑娘是一个漂亮的姑娘。

简洁的符号能够使数学家们进行复杂的思考时应付自如，但也会使门外汉听数学讨论如坠五里云雾。

简洁的符号能够使数学家们进行复杂的思考时应付自如，但也会使门外汉听数学讨论如坠五里云雾。

数学语言中使用的符号十分重要，它们能区别日常语言中经常引起混乱的意义。例如，英语中使用"is"一词时，就有多种不同的意义。在"他在这儿"（He is here）这个句子中，"is"就表示一种物理位置。在"天使是白色的"（An angel is white）这个句子中，它表示天使的一种与位置或物理存在无关的属性。在"那个人正在跑"（The man is running）这个句子中，这个词"is"表示的是动词时态。在"二加二等于四"（Two and Two are four）这个句子中，is的形式被用于表示数字上的相等。在"人是两足的能思维的哺乳动物"（Men are the two-legged thinking mammals）这个句子中，is的形式被用来断言两组之间的等同。当然，在一般日常会话中引用各种各样不同的词来解释is的所有这些意义，不过是画蛇添足，因为尽管有这些意义上的混乱，人们也不会因此产生什么误会。但是，数学的精确性——它与科学和哲学的精确性一样，要求数学领域的研究者们更加谨慎。

在最广泛的意义上说，数学是一种精神，一种理性的精神。正是这种精神，使得人类的思维得以运用到最完善的程度，亦正是这种精神，试图决定性地影响人类的物质、道德和社会生活；试图回答有关人类自身存在提出的问题；努力去理解和控制自然；尽力去探求和确立已经获得知识的最深刻的和最完善的内涵。在本书中，我们最为关心的将是这种精神的作用。

在最广泛的意义上说，数学是一种精神，一种理性的精神。

数学还有一个更加典型的特征与我们的论述密切相关。数学是一棵富有生命力的树，她随着文明的兴衰而荣枯。它从史前诞生之时起，就为自己的生存而斗争，这场斗争经历了史前的几个世纪和随后有文字记载历史的几个世纪，最后终于在肥沃的希腊土壤中扎稳了生存的根基，并且在一个较短的时期里茁壮成长起来了。在这个时期，它绽出了一朵美丽的花——欧氏几何。其他的花蕾也含苞欲放。如果你仔细观察，还可以看到三角和代数学的雏形；但是这些花朵随着希腊文明的衰亡而枯萎了，这棵树也沉睡了一千年之久。

数学是一棵富有生命力的树，她随着文明的兴衰而荣枯。

这就是数学那时的状况。后来这棵树被移植到了欧洲本土，又一次很好地扎根在肥沃的土壤中。到公元 1600 年，她又获得了在古希腊顶峰时期曾有过的旺盛的生命力，而且准备开创史无前例的光辉灿烂的前景。如果我们将 17 世纪以前所事实上，一个人拥有牛顿处于顶峰时期所掌握的知识，在今天不会被认为是一位数学家。

了解的数学称为初等数学，那么我们能说，初等数学与从那以后创造出的数学相比是微不足道的。事实上，一个人拥有牛顿处于顶峰时期所掌握的知识，在今天不会被认为是一位数学家。因为与普通的观点相反，现在应该说数学是从微积分开始，而不是以之为结束。在我们这个世纪，这门学科已具有非常广泛的内容，以致没有任何数学家能够宣称他已精通全部数学。

阅读提示 YUE DU TI SHI

这篇文章节选自作者一篇漂亮的长文《数学与文化——是与非的观念》。克莱因是一位优秀的应用数学家和数学史家，他的《古今数学思想》一书在中国很有影响。一位应用数学家在讨论“数学创造的驱策力”时，观点竟与哈代很接近（参看《一个数学家的辩白》），说明这个观点很值得我们重视。如果你还不太理解为什么说“数学是一种精神”，可以先记住这篇文章的主要结论，以后在学习数学时慢慢用心体会。不着急，好多数学家也是用好长时间才明白过来的。也请参看《如果哈代知道了》一文。

三 天与地的故事

天空是一个大日历*

[美]萨 根

我们并没有问鸟儿唱歌有什么目的，因为唱歌是它们的乐趣，它们生来就是要唱歌的。同样的道理，我们也不应该问人类为什么要挖空心思去探索天国的秘密……自然现象之所以这样千差万别，天国里的宝藏之所以这样丰富多彩，完全是为了不使人的头脑缺乏新鲜的营养。

——开普勒《宇宙结构之秘密》

假如我们居住在一个永无变化的行星上，我们就无所作为，无所用心。假如我们居住在一个变幻莫测的星球上，我们就不可能理解事物，也不可能有科学这样的东西。

假如我们居住在一个永无变化的行星上，我们就无所作为，无所用心。假如我们居住在一个变幻莫测的星球上，我们就不可能理解事物，也不可能有科学这样的东西。这里的事物在变化着，它们的变化遵循着一定的模式、规则或所谓的自然法则。如果我们把一根竹竿抛到空中，这根竹竿总是要下落。如果太阳从西边落下，它在第二天早晨总是要从东边升起来。因此我们有可能理解事物，我们可以从事科学研究，并用科学来改善我们的生活。

人类善于理解世界，我们一向如此。我们会

*选自《宇宙》，周秋麟、吴依俤等译，吉林人民出版社1998年版。

狩猎或生火，因为我们明白了一些事理。在电视、无线电、书籍发明之前，我们经历了一个历史时期，人类存在以来的大部分时间是在这个时期里度过的。在无月光的夜晚，我们围着营火的余烬，注视着天上的星星。

夜空是饶有趣味的，那里有各式各样的图案。你可以不假思索就想像出不同的图画。例如，在北方的天空上有一个图案（即星座），看上去有点像熊，有些人把它叫做大熊星座，另一些人看到的则是完全不同的形象。当然，夜空里并不是真有这些图画，它们是我们自己安排的。我们是狩猎的民族，我们看到的是猎人、狗、熊和年轻的妇女以及一切引起我们兴趣的东西。当17世纪的欧洲水手第一次见到南方的天空时，他们就把17世纪人们感兴趣的东西放上去，如杜鹃、孔雀、望远镜、显微镜等。如果这些星座是在20世纪命

夜空是饶有趣味的，那里有各式各样的图案。你可以不假思索就想像出不同的图画。

如果这些星座是在20世纪命名的话，我想我们就会在空中见到自行车和电冰箱星座，见到摇摆舞星座，甚至见到蘑菇云——人类寄托在群星中的一种新的希望和恐惧。

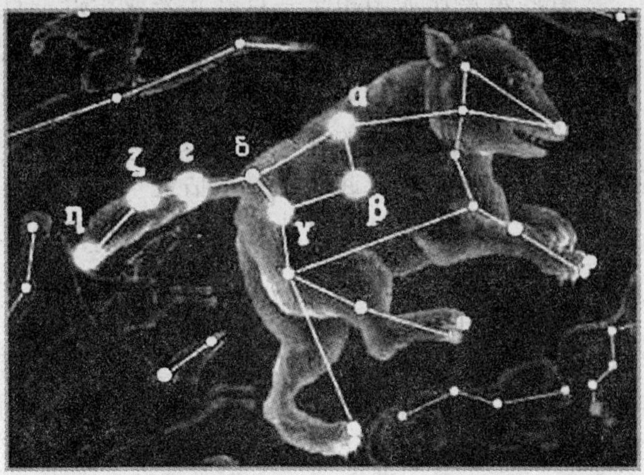

大熊星座

名的话，我想我们就会在空中见到自行车和电冰箱星座，见到摇摆舞星座，甚至见到蘑菇云——人类寄托在群星中的一种新的希望和恐惧。

我们的祖先偶然间会见到一个非常明亮的带着尾巴的星星从天空中一掠而过，他们把它叫做流星。但是这个名字取得不好，因为流星下落之后，原来的那些星星依然还在那里。在某些季节里有很多流星，在另一些季节里流星就很少。这里同样也有一种规律性。

跟太阳和月亮一样，星星总是从东边升起来，从西边落下去。如果它们从我们的头顶上经过的话，它们就要用整夜的时间跨过天空。不同的季节有不同的星座。譬如同样的星座总是在初秋出现，新的星座从来不会突然从东方地平线上升起来。星星有它们的规律性、可预测性和永久性，从某种意义上说，它们基本上是靠得住的。

有些星星比太阳稍早一点升起来或稍迟一点落下去，它们升落的时间和位置随着季节的变化而不同。如果你长年累月地仔细观察并作记录的话，你就会预告季节的变化。你还可以通过观察每天太阳从地平线升起的位置来估量季节。天空是一个大日历，凡是有事业心、有能力、有办法做记录的人都可以使用。

天空是一个大日历，凡是有事业心、有能力、有办法做记录的人都可以使用。

我们的祖先构筑了测量季节变化的设施。在新墨西哥蔡科峡谷有一个11世纪建造的没有屋顶的大礼堂，6月21日——一年最长的一天，一柱阳光在黎明的时候从一个窗户射进来，最后慢慢地覆盖了一个特设的壁龛。但是这种现象只有在6

月 21 日左右才发生。我猜想那些自豪的阿纳萨齐人（他们自称“古人”）每年 6 月 21 日都聚集在大礼堂里，他们披戴着羽毛、拨浪鼓和绿松石，坐在长凳上庆祝太阳的威力。他们还监视月亮的视运动，大礼堂里 28 个位置更高的壁龛可能表示月亮回到星座原来的位置上所需要的天数。这些人密切地注视着太阳、月亮和星星。根据类似的原理构筑的设施还可以在以下地方找到：柬埔寨的吴哥窟，英国的巨石阵，埃及的阿布西姆贝尔，墨西哥的奇琴伊特萨和北美的大平原。

有些被认为可以用作日历的设施可能纯属偶然，譬如 6 月 21 日那天窗户和壁龛的偶然性。但是有些设施则很奇妙：美国西南部的一个地方直立着三块石板（它们是 1000 年前从别的地方搬来的），在岩石上刻了一条有点像星系的螺旋线，6 月 21 日（夏至）那一天从两块石板的空隙透射过来的阳光分割这条螺旋线；12 月 21 日（冬至）那一天，有两条光线将这条螺旋线零部夹在中间，这是利用中午的太阳读认天空历书的杰作。

为什么世界各地的人都要这样下工夫学天文呢？人们追猎随季节转换而迁徙的瞪羚、羚羊和野牛；水果只有在一定的季节才能采摘；发明农业之后，人们就得按季节种植和收获庄稼，散居游牧部落的年会必须定期召开。看天空历的本事实际上是生死存亡的大事。全世界的人都注意到，新月之后又出现娥眉月，日全食之后太阳又恢复了原状，太阳在夜里令人不安地消失之后早晨又升起来。这些现象向我们的祖先表明，超越死亡

全世界的人都注意到，新月之后又出现娥眉月，日全食之后太阳又恢复了原状，太阳在夜里令人不安地消失之后早晨又升起来。这些现象向我们的祖先表明，超越死亡是可能的，头顶之天空就有永存的象征。

是可能的，头顶之天空就有永存的象征。

风在美国西南部的峡谷里呼啸，只有我们听到这风声，它提醒人们注意那些善于思考的四万代祖先。对于他们，我们几乎一无所知，而我们的文明都建筑在他们的身上。

随着年代的推移，人们从祖先那里学到了许多东西。对太阳、月亮和星星的位置与运动了解得越精确，人们就能够越准确地预测狩猎、播种和收获的时间以及召开部落会议的时间。随着测量精密度的提高，记录是必不可少的。可见天文学促进了观测，促进了数学，也促进了写作的发展。

阅读提示 YUE DU TI SHI

与我们通常的想像相反，人类最早的科学知识和哲学思考不是产生于离我们最近的琐细事物，而是离我们最远的浩瀚星空。卡尔·萨根在这篇文章里说了，我们那些善于思考的四万代祖先（四万代！你想到过吗？），通过观察天空这个大日历，为农耕和狩猎积累了必要的知识。但是，遍布世界各地的神奇建筑则表明，人类对天空的兴趣从一开始就不完全是为了实用的目的。仰望星空，你就容易了解人为什么被定义为有思想的动物。所以，现在城市里看不见繁星密布的夜空（由于灯光强烈和空气污染！），确实是人生一大憾事。如果你恰好生活在城市里，建议你无论如何得想法子弥补。

地球有多大？*

［美］伽莫夫

在人类文明的初期，所谓的宇宙真是小得可怜。人们认为，大地是一个大扁盘，四面环绕着海洋，大地就在这洋面上漂浮。大地的下面是深不可测的海水，上面是天神的住所——天空。这个扁盘的面积足以把当时的地理知识所知道的地方统统容纳下去。它包括了地中海和濒海的部分欧洲和非洲，还有亚洲的一小块；大地的北部以一脉高山为界，太阳在夜间就在山后的“世界洋”海面上休憩。图1相当准确地表示出古代人关于

图1 古代人认为世界只有这么大

*选自《从一到无穷大：科学中的事实和臆测》，暴永宁译，科学出版社2002年版。

世界面貌的概念。但是，公元3世纪，有一个人对这种简单而被人们普遍接受的世界观提出了异议。他就是著名的希腊哲人（当时这个名称是用来称呼科学家的）亚里士多德（Aristotle）。

亚里士多德在他的著作《天论》里，表述了这样一个理论：大地实际上是一个球体，一部分是陆地，一部分是水域，外面被空气包围着。他引证了许多现象来证明自己的观点，这些现象在今天的人们看来是很熟悉的，似乎还显得有些琐碎。他指出，一艘船当消失在地平线上时，总是在船身已看不见时，桅杆还露在水面上。这说明洋面不是平的，而是弯曲的。他还指出，月食一定是地球的阴影掠过这个卫星的表面时引起的。既然这个阴影是圆的，大地本身也应该是圆的。但是，当时并没有几个人相信他的话。人们不能理解，如果他的说法确实不错，那么，住在球体另一端（即所谓对蹠点，对我们来说是澳大利亚[1]）的人怎么会头朝下走路呢？难道他们掉不下去吗？为什么那里的水不会流向天空呢（图2）？

人们不能理解，如果他的说法确实不错，那么，住在球体另一端（即所谓对蹠点，对我们来说是澳大利亚）的人怎么会头朝下走路呢？

你瞧，当时的人们并没有理解到，物体的下落是由于受到了地球的吸引力。对于他们来说，“上”和“下”是空间的绝对方向，不论在哪里都是一样的。在他们看来，说把我们这个世界走上一半远，“上”就会变成“下”，“下”就会变成“上”，这简直是在说胡话。当时，人们对亚里士

① 这是对美国而言，中国的对蹠点是巴西。——译者

图 2　反对大地为球形的论点

多德这种观点的看法，正像今天某些人对爱因斯坦相对论的看法一样。当时，重物下坠的现象，被解释成一切物体都有向下运动的“自然倾向”，而不是像现在这样解释成受到地球的吸引。因此，当你竟然敢冒险跑到这个地球的下面一半去时，就会向下掉到蓝天中去！对老观念进行调整的工

对老观念进行调整的工作是异常艰难的，新观念遭到了极为强烈的反对，甚至到了15世纪，即亚里士多德死后两千年，还有人用地球对面的人头朝下站着的画片，来嘲笑大地是球形的理论。

当人们首次意识到大地是球体后，自然要给自己提出这样的问题：这个球到底有多大？和当时已知世界相比情况如何？但是，古希腊的哲人们显然是无法进行环球旅行的，那又怎么来量度地球的尺寸呢？

作是异常艰难的，新观念遭到了极为强烈的反对，甚至到了15世纪，即亚里士多德死后两千年，还有人用地球对面的人头朝下站着的画片，来嘲笑大地是球形的理论。就连伟大的哥伦布①（Christopher Columbus）在动身前去寻找通往印度的“另一条路”时，也未必意识到他自己的计划是健全的，而且他的行程也因美洲大陆的阻拦而未能全部实现。直到麦哲伦②（Ferdinand de Magellan）进行了著名的环球航行后，人们对大地是球体的怀疑才最后消除掉。

当人们首次意识到大地是球体后，自然要给自己提出这样的问题：这个球到底有多大？和当时已知世界相比情况如何？但是，古希腊的哲人们显然是无法进行环球旅行的，那又怎么来量度地球的尺寸呢？

嘿！有一个办法。这个办法是公元前3世纪希腊著名科学家埃拉托色尼最先发现的。他住在希腊当时的殖民地，埃及的亚历山大里亚城。当时有个塞恩城，位于亚历山大里亚城以南五千斯塔迪姆远的尼罗河上游③。他听那里的居民讲，在夏至那一天正午，太阳正好悬在头顶，凡是直立的物体都没有影子。另外，埃拉托色尼又知道，

① 哥伦布（1454—1506年），意大利航海家，于1492年发现“新大陆”美洲。——译者

② 麦哲伦（1480—1521年），葡萄牙航海家，于1519年首次率船队完成环球航行，麦哲伦本人于1521年死于旅途，但船员继续航行，于次年返回欧洲。——译者

③ 即现今阿斯旺水坝附近。——译者

这种事情从来没有在亚历山大里亚发生过：就是在夏至那一天，太阳离天顶（即头顶正上方）也有7°的角距离，这是整个圆周的1/50左右。埃拉托色尼从大地是圆形的假设出发，给这个事实作了一个很简单的解释，这很容易从图3上看懂。事实上，既然两座城市之间的地面是弯曲的，竖直射向塞恩的阳光一定会和位于北方的亚历山大里亚成一定的交角。从地球中心画两条直线，一条引向塞恩，一条引向亚历山大里亚，则从图上还可以看出，两条引线的夹角等于通过亚历山大里亚的那条引线（即此处的天顶方向）和太阳正射塞恩时的光线之间的夹角。

由于这个角是整个圆周的1/50，整个圆周就应该是两城间距离的50倍，即250000斯塔迪姆。

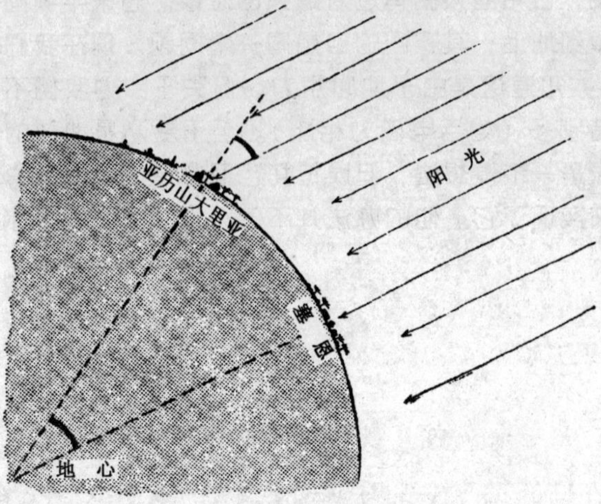

图3

1斯塔迪姆约为 1/10 英里，所以，埃拉托色尼所得到的结果相当于 25000 英里，即 40000 公里，和现代的数值真是非常相近。

然而，对地球进行第一次测量所得到的结果，重要的倒不在于它是如何精确，而是它使人们发现地球真是太大了。

然而，对地球进行第一次测量所得到的结果，重要的倒不在于它是如何精确，而是它使人们发现地球真是太大了。瞧，它的总面积一定比当时已知的全部陆地面积大几百倍呢！这能是真的吗？如果是真的，那么，在已知的世界之外又是些什么呢？

阅读提示 YUE DU TI SHI

大地是球形的，但为什么住在球体另一端的人（比如美国人）不会掉到天空里去？很多人小时候都想过这个问题。这个问题问得并不傻，古希腊人就有过对蹠人的想像。后来牛顿问苹果为什么会掉到地上，其实问的也是同一个问题。现在我们（主要通过牛顿）知道这是由于地心引力，但关于引力我们不知道的东西还特别多（如与电磁力相比）。至于要测量地球的大小，看上去像是一个傻想法，但埃拉托色尼却想出了那么聪明的一个办法来实现了它。他的办法并不怎么难理解，值得你耐心一读。

地图的故事*

[美] 曼凯维奇

所有早期文化都重视绘制地图。不论是为了建筑、征税还是为了制定作战计划，测量师的工作是与应用数学有关的最古老的职业之一。大约公元前2200年拉格什城的苏美尔统治者古得亚的一座雕像展示了一位测量员，他的手里拿着宁基苏神殿的按比例缩小的设计图、测量用的尺子以及书写用的工具。这是我们知道的最早的按比例绘制的设计图。人们在巴比伦的黏土板、埃及的纸草书及中国的丝绸上发现了地图。罗马人继承了希腊人的测量传统，当时的有关文献中记载了测量及按比例绘图的规则。

在绘制小区域的地图时，我们可以假设这一区域是平坦的。但当我们试图画更大区域的地图时，地球的曲率就成了重要的考虑因素之一。我们不清楚人类是何时发现地球是球形的。厄拉多塞（Eratosthenes of Cyrene）①从公元前240年起为亚历山大新城的图书馆馆长。他制作了第一张以

在绘制小区域的地图时，我们可以假设这一区域是平坦的。但当我们试图画更大区域的地图时，地球的曲率就成了重要的考虑因素之一。

*摘自《数学的故事》，冯速译，海南出版社2002年版。

① 厄拉多塞（公元前276—前194），希腊科学家、作家、天文学家、数学家和诗人，已知测量过地球周长的第一人。——编者

科学原理为依据的地图。该地图含有经线和纬线，经线和纬线构成了不规则的坐标方格。但是这种绘制地图的方法在当时好像并没有产生什么影响。正是托勒密于公元150年发表的《地理学》成为了制图学的标准教材。此书中说到地球是圆的，而且只有一部分地区有人居住。地球的周长为180000视距（有人们认为视距=160米）。这一长度远没有厄拉多塞的250000视距精确。《地理学》的伟大贡献是奠定了把球面投影到平面的基础。花拉子密（第7章）修改了托勒密的地图，他保留了托勒密关于地中海地区的那一部分，但提高了中亚地区的精确度。

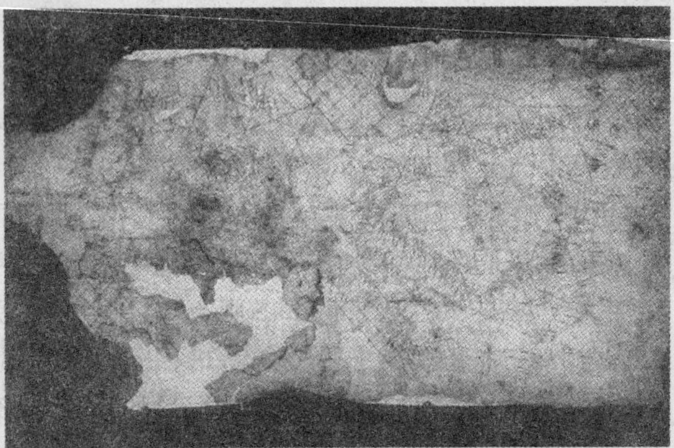

约1290年的法国航海指南图，这是现存最古老的航海指南图。此图展示了欧洲和地中海的航海路线。

把球形的地球投影到平面上往往要产生一些失真。绘图员最关心的是确定哪些因素失真得最厉害，哪些因素失真得最少。等角投影可以减少角和形状上的失真；等面积投影可以保持相对的面积；等距离投影可以保持相对距离。正像我们将要看到的那样，陆地地图和海洋图有不同的要求。

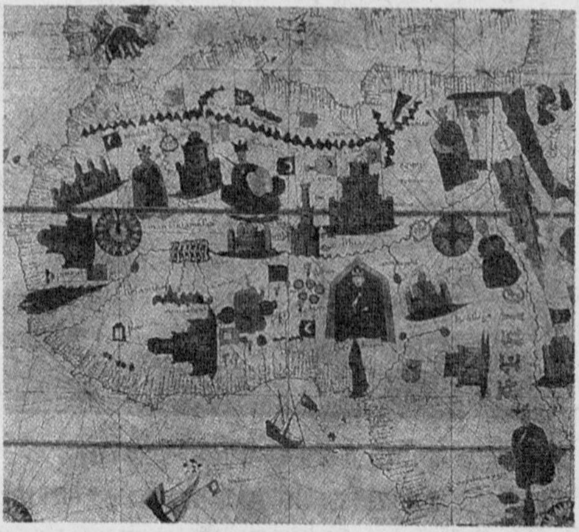

1492 年跟随哥伦布航海的科沙于 1500 年绘制的世界地图中的地中海和北非部分。

14 世纪，随着欧洲航海和贸易的发展，出现了带有直线网络或罗盘方位线的航海指南图，以帮助航海家们制定航海计划。这些图主要制于威尼斯、热那亚和马略卡岛。虽然我们不清楚人们在制作这些航海图时是否使用了特殊的投影技术，但是它们都相当精确。我们还不太了解在这一时期人们使用中国发明的罗盘的程度及天体导航的状况。但是美洲大陆的发现及托勒密的《地理学》的出版，为绘制精确的世界地图作好了准备。托勒密的《地理学》直到 15 世纪才在欧洲露面，首先在 1477 年印刷于博洛尼亚。文艺复兴时期人们使用了各种各样的投影方法。这常常是由于美学的原因。如弗朗西斯科·罗塞利于 1508 年首次使

文艺复兴时期人们使用了各种各样的投影方法。这常常是由于美学的原因。

用了椭圆形世界地图并使其流行起来。这些投影基于图形的结构而不是基于三角公式。

被誉为当代的托勒密的杰拉德·墨卡托（Gerardus Mercator，1512—1594）[①]为航海家设计了一套特别的投影法。墨卡托就学于洛文大学，学习哲学、数学、天文学和制图学。他还是雕刻师和器械制作师。从1530年中期起，他制作了一系列地图。包括了佛兰德地图和巴勒斯坦地图。1544年因异端行为被投入监狱。但由于大学的努力疏通，很快被释放。之后他到了现在位于德国的克里夫公国杜伊斯堡，并于1564年成为威廉公爵的宫廷“宇宙志学家”。在1569年，就是在杜伊斯堡，他创建了“墨卡托投影法”，用以绘制世界地图。该投影法的新颖之处是把经纬线画成直线，以便于航海家们使用。在一个球体上，如果一个人沿着一个固定的方向行驶，通常他的路径是一条曲线。事实上假设按着固定的方位行驶时，除非我们是沿着基本方位行驶，否则我们就会螺旋式地到达极点。但是将这些罗盘方位投影成直线可以减轻航海家的工作。墨卡托投影法的另外一个长处是：实际航线的变化角度和航海图上的航线变化角度是一致的。虽然当纬度增高的时候会使地图扭曲得很厉害，但是它仍是当时绘制世界地图最常用的投影法。以后投影法被彼得等的等面积投影法所取代。

在一个球体上，如果一个人沿着一个固定的方向行驶，通常他的路径是一条曲线。

① 杰拉德·墨卡托，18世纪伟大的地图学家，他所发明的地图投影被称为墨卡托投影。地图集（Atlas）一词是他首先使用。——编者

罗莫于1701年所制造的一组数学仪器。这组精美的数学仪器包括了几何的四分仪，通用日晷及一组内皮尔算棒。这可能是为一位富有的雇主作为身份象征而不是作为实用工具而做的。

在《航海中的失误》（1599年）一书中，爱德华·赖特对墨卡托投影法进行了数学的分析。在同一年由理查德·哈克卢特①出版的《航海原理》一书中，赖特发表了基于墨卡托投影法的世界地图。随着对陆地和天体的认识的深入，人们开始研制地球仪和天体仪。这些仪器通常是为了教学的需要，同时它们也被作为新知识的象征。在通常情况下，人们将地球仪和天体仪安装在一起，使之成为双胞胎球体。随着天体观测精确度的逐步增加以及三角投影法在法国、英国和其他欧洲国家的兴起，世界地图需要定时更新。

① 理查德·哈克卢特（1552—1616），英国地理学家。主要兴趣集中在海外地理勘探与发现上，积极参加当时找寻通向东方航道的活动。——编者

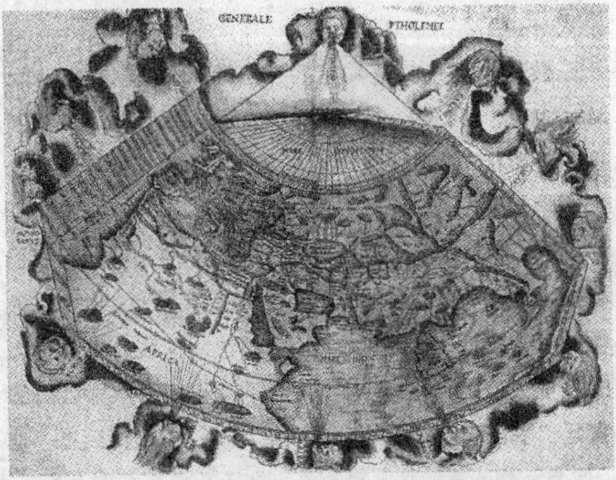

最近在欧洲发现的依据托勒密的《地理学》所绘制的1513年的世界地图。

然而，为了绘制精确的地图和航海图，需要知道关键地区的精确的经度和纬度。

然而，为了绘制精确的地图和航海图，需要知道关键地区的精确的经度和纬度。纬度很好计算。它们与北极的等高线一致。当时，为了确定纬度，人们可以利用太阳的位置并使用太阳光与赤道的夹角的偏差表对纬度进行修正。然而，经度就比较难以计算了。以某一个子午圈为零时区，从该子午圈开始每隔15°产生时差为一小时的时区。当地时间可以通过天体观测或日晷来确定。但是，为此我们需要同时知道零时区的时间。一种方法是将月亮看成是夜晚的时钟，通过观测它在空中的运行来计算时间。但是月亮的运行轨道是非常不规则的，而且由于航海时间较长，所以只有当航海家手中有早已绘制好的月亮运行轨迹表时，该方法才有效。格林尼治皇家天文台就是为这一目的于1675年创建的。1767年皇家天文学家内维尔·马斯基林①发表了《航海年鉴》。年鉴含有一年中每隔3小时的月球位置表。那时约翰·哈里森的航海钟已接近完成，并且它很快成为在海上确定经度的有效工具。该仪器有一个标准时间表，这样通过对太阳或恒星的观测来确定当地时间，然后当地时间与标准时间的差就可给出航海船所在地区的经度。②

随着人们发现地球并非是一个标准的球体而是一个扁平的球体——它的两极比较平坦，投影法变得更加复杂。牛顿在《自然哲学的数学原理》中关于地球是扁平的论证最终被实践所证实。如果地球的两极是平坦的话，对于纬度1°，两极附近的长度比赤道附近的长度要长，同时，由于地球的引力，纬度不同加速度也不同。人们组成了测量远征探险队来检测这些结果。1735年，巴黎科学院决定派出特使团到拉普兰和秘鲁去测量北极与赤道附近纬度1°的差别。克里斯蒂安·惠更斯③关于单摆的经典研究指出，钟摆的频率与重力加速度的值相关。这种差异早在1672年就已被注意到。为了使巴黎的单摆与在凯恩的单摆所表示的时间一样，必须缩短在巴黎的单摆的臂长。不幸的是，由于观测的错误导致出了一个矛盾的结论。

随着人们发现地球并非是一个标准的球体而是一个扁平的球体——它的两极比较平坦，投影法变得更加复杂。

① 纳维尔·马斯基林（1732—1811），英国第五位皇家天文学家，主要成就是改进航海术。他也是测量时间精度达到1/10秒的第一人。——编者

② 相关内容请参阅海南出版社出版的《经度》（2000年版）一书。——编者

③ 克里斯蒂安·惠更斯（1629—1695），荷兰数学家、天文学家、物理学家，光的波动理论的创立者，发现了土星光环的真实形状，对动力学作出最早贡献。——编者

有些人甚至认为地球是一个扁长的球体，也就是说在两极被拉长而不是被压扁了。到了1832年，美国的天文学家纳萨尼尔·鲍迪奇①测量了全球从拉普兰到好望角的52个地区。在他对拉普拉斯②的《天体力学》的翻译本中，他对上述测量结果加以分析，并给出了地球的椭圆率是1/297。这一结果得到国际上的承认近百年之久。

墨卡托于1585年所写的《地图集》中的一幅世界地图。墨卡托首先使用了“地图集”这一词汇。地图集的各个版本包含了各个国家的最新地图。

在一个球上三角形内角和大于180°，如果是一般球体的话，三角形内角和将随三角形的位置不同而变化。

对地球不是标准球体的认识促使人们去寻找一种不仅能处理平面和标准球体而且也能处理一般球体的三角法。在一个球上三角形内角和大于180°，如果是一般球体的话，三角形内角和将随三

① 纳萨尼尔·鲍迪奇（1773—1838），美国自学成才的数学家和天文学家。发现在天文学和物理学上有重要用途的鲍迪奇曲线。——编者

② 拉普拉斯（1749—1827），法国数学家和天文学家，因研究太阳系稳定性的动力学问题被誉为法国的牛顿。——编者

角形的位置不同而变化。勒让德（Adrien Marie Legendre，1752—1833）[①]于1799年在这一方面做出了十分漂亮的研究。他寻找到了一个三角形的边与三角形内角和的关系公式。使用这一计算公式，人们定义了新的投影法。用该公式我们可以计算出所需的扭曲度。兰伯特（Johann Heinrich Lambert，1728—1777）[②]于1772年发表了一系列的投影法，其中之一是现在仍在使用的等角圆锥投影法。用这一投影法将地球投影到一个锥体上，该锥体与地球在标准纬度上相接。这个锥体展开后就是一张地图。

法国16世纪的图画。画中展示了一位航海家正在“瞄准星星”以确定他的纬度。这一时期的经纬仪可以同时测定垂直和水平角度。

贸易工具的研制得到了快速发展。由希腊人发明、阿拉伯人完善的星盘是一种模拟计算机。

---

① 勒让德，法国数学家，在椭圆积分方面的工作为数学物理提供了基本的分析工具。——编者

② 兰伯特，又译朗伯，瑞士-德国数学家，天文学家、物理学家和数学家，他第一次严格地证明了π是无理数。——编者

通过旋转一个刻着星座图和各种天体轨道的圆盘，我们可以计算日出及日落的时间。纬度不同星体的投影也不同，所以这种星盘通常有若干个圆盘组成，每个圆盘对应于不同的纬度。这种星盘可以计算星体的地平纬度和地平经度以及计算时间和测量天文距离。阿拉伯人首先开始使用地平纬度和地平经度作为测量标准。地平纬度是天体与地平线的角度，地平经度是到子午线的角距。日晷也是常用的计时工具。它利用太阳的地平纬度

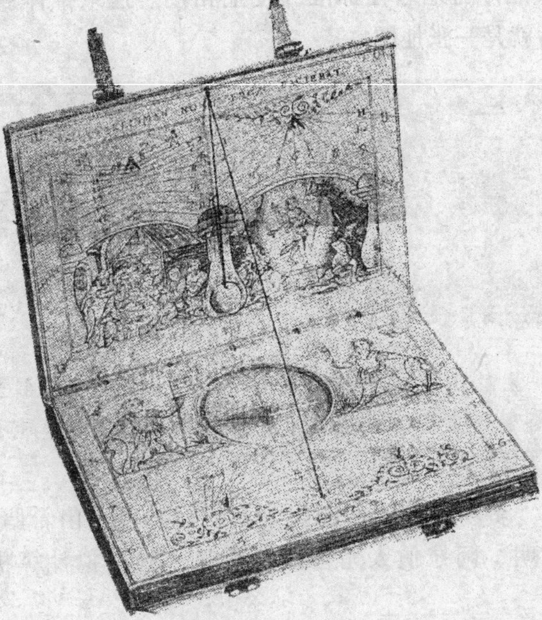

携带式双折日晷和指南针。它可以折叠成书形，是保罗·黎曼于1599年在纽伦堡用象牙制成的。绳制的日晷(指示针)可以调节以适应不同的纬度。针状的日晷盘只是在特定的纬度才能精确测量。

或地平经度的变化来计时。多数刻度盘需要用指南针来定位。通过参照太阳在空中运动的速度变化，刻度盘变得越来越精确。17世纪，人们还制出了经调整纬度后可以运用于任意地区的通用日晷。简易的水手星盘被象限仪所替代。由于有了光学仪器和更加精细的刻度，航海家、天文学家及测量员所使用的象限仪、方位仪以及相关的仪

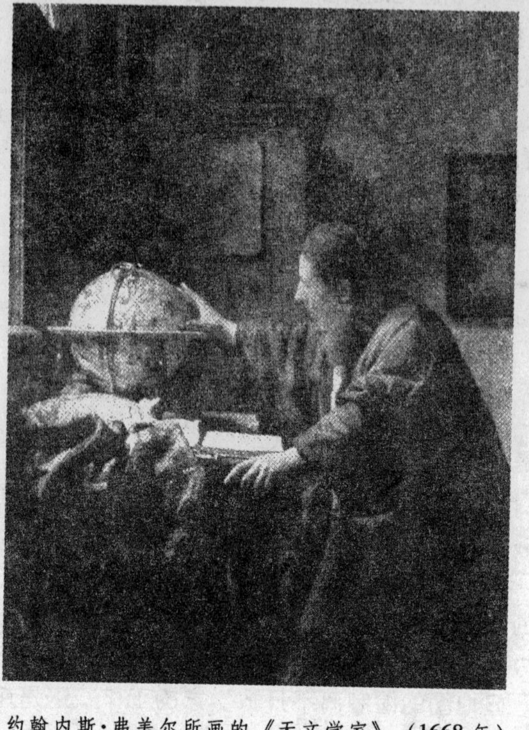

约翰内斯·弗美尔所画的《天文学家》（1668年）。随着望远镜精度的提高以及人类进入南半球，天文学家们在天空中发现了许多新的星星。天体仪和地球仪被广泛用于教学，同时也成为了新知识的象征及时髦的家庭装饰品。

器的精度得到了极大的提高。

土地、海洋和天空的测量精度要求的提高加大了计算量。提高精确度意味着计算长度的增加。因而对数的使用在17世纪具有重大的现实意义。尽管三角函数表和对数表中总是存在着一些印刷上的错误，航海家使用这些表仍可以简化计算。计算尺的发明虽然没有提高精确度，但大大节省了计算时间。从8世纪起计算尺得到了广泛应用。从那时起我们的宇宙观已经完全不同于托勒密的宇宙观：地球现在只是一个行星，一个绕着太阳运转的扁平球体。20世纪后期，当人造地球卫星开始绘制地球的地理变化时，我们终于可以从地球外边来看地球了。

20世纪后期，当人造地球卫星开始绘制地球的地理变化时，我们终于可以从地球外边来看地球了。

阅读提示 YUE DU TI SHI

如果大地是一个平面而非球面，也许地图的绘制就会简单得多？但从我们今天的知识背景看，把大地想像成一个平面是令人匪夷所思的（大地难道是悬浮在太空中的一块薄饼？）。古代人这么想，只是因为他们的视界还很狭小，不知道宇宙之大的缘故。地图的绘制与航海有密切关系，有人说过，也许海员是最早认识到大地是一个球的，因为远方的船只总是先露出桅杆后出现船身。但地图的绘制离不开数学家的工作，这是作者重点要告诉你的事（注意了！），事实上这篇文章就摘选自《数学的故事》一书。

想像之线*

[美] 索贝尔

在我还是个小姑娘时候，有一次我爸爸在星期三带我出去玩，给我买了一个带有小珠的铁丝球。我很喜爱这个玩具，把它放在掌心之间，可以叠成一个扁平的环，猛地把它抛开，又可以形成一个中空的球。如果玩得好的话，它会像一个小小的地球，它的线结在一起，组成几个交叉的圆，这就好像我在教室里看到的地球仪上那又黑又细的经纬线一样，几个彩色珠子点缀在线上，就像深海上的航船。

爸爸驮着我沿第十五大街来到洛克菲勒中心，驻足凝视那一尊肩负天地的阿特拉斯①铸像。

阿特拉斯把一个青铜球高高扛起，这个铜球像我手上的铁丝玩具一样是一个中空的球体，并且也是由虚拟的线组成，这些线代表着赤道、黄道、南北回归线、北极圈以及本初子午线。虽然

---

*选自《经度：寻找地球刻度的人》，汤江波译，海南出版社2000年版。

① 阿特拉斯（Atlas），希腊神话中的提坦巨人之子，普罗米修斯的兄弟。在荷马的作品中，他似乎是一个海中人物，支撑着那使天地分离的柱子。据希腊诗人赫西奥德的说法，阿特拉斯是提坦巨人之一，曾参加过反宙斯的战争，为此他受到惩罚，被判将天空高高举起。在艺术作品中，他被描绘成肩负着天空或天球仪的形象。

当时我还很小，但我已经知道这个球体上的方格就代表着地球上真实的陆地和水域。

今天，这些经纬线统治世界的权威，比我四十多年前所能想像得到的更大，因为不管它们下面的世界格局怎么变化——或者是大陆在广阔的海洋上发生了漂移，或者是以战争或和平的方式对国家的版图重新进行了划分——而这些经纬线却纹丝不动。

不管它们下面的世界格局怎么变化——或者是大陆在广阔的海洋上发生了漂移，或者是以战争或和平的方式对国家的版图重新进行了划分——而这些经纬线却纹丝不动。

很小的时候，我就知道经纬度之间的区别。纬线或纬线圈，是一系列的绕在地球表面的同心环，从赤道到两极，同心环的半径逐渐变小；而经度则是另外一种情况，经线是通过两极的一些大小一样的大圆，它们交于地球的两个极点。

在古时候，至少是在基督出生前的300年，人们的头脑就已经有了经线和纬线的概念。

在古时候，至少是在基督出生前的300年，人们的头脑就已经有了经线和纬线的概念。公元150年，制图家兼天文学家托勒密[1]已在他的第一本有27幅地图的世界地图集里绘上了经纬线，在这本具有划时代意义的地图集中，托勒密还按字母顺序对所有的地名进行编排，并标出他根据旅行者的记录得到的各点的经纬度，不过托勒密本人也只是在凭想像识别大千世界，在他那个时代甚至普遍存在着一个错误的认识，说是住在赤道上的人会因可怕的炎热而变成畸形。

① 托勒密（Ptolemy），著名的天文学家、地理学家和数学家。生平不详。从他所作的天文观测的日期推断，他活跃于公元2世纪的埃及。他所发表的地心宇宙体系（托勒密体系）在天文学中占统治地位达1300年之久，他在地理学上的影响也持续了相同的时间。

托勒密把赤道当作零度纬线。这不是他个人的武断，而是前人根据天体运行的观察结果从大自然中得出的权威性结论。太阳、月亮都从赤道的正上方通过，与南北回归线一样，其他主要的纬线圈的位置也是由太阳决定的，在太阳每年的运行过程中，南北回归线标志着太阳视运动的南北界限。

不过，托勒密可随意地按照他喜欢的方式选取零度经线。他把通过非洲西北海岸外海的幸运群岛（Fortunate Islands，现在称为加那利及马德拉群岛）的经线定为零度经线。后来制图者们先后把本初子午线移到了亚速尔群岛、佛得角群岛以及罗马、哥本哈根、耶路撒冷、圣彼得堡、比萨、巴黎、费城，还有其他的一些地方，最后本初子午线定在了伦敦。由于地球是在自西向东自转着的，两极间的任何一条经线都可以作为其他经线的起始参考线。因此，本初子午线的设置纯粹是政治问题了。

经线与纬线之间有着真正核心的差异——程度上深于线条方向不同的表面差异。连孩子都知道纬度的零度位置由自然规律决定，而经度的零度位置就像计时沙漏中的沙子一样是在变动的。这一区别使得确定纬度就和孩子们做游戏一样简单，而确定经度，尤其是在海上确定经度，却难倒了所有的成年人。这一问题曾使人类历史上最聪明的人都束手无策。

经线与纬线之间有着真正核心的差异——程度上深于线条方向不同的表面差异。连孩子都知道纬度的零度位置由自然规律决定，而经度的零度位置就像计时沙漏中的沙子一样是在变动的。

任何一个称职的水手都可以根据白昼的长度、太阳或地平线以上人们所熟悉的参照恒星的高度来测出纬度。1492年，克里斯托弗·哥伦布“沿纬线航行”，循着一条直线横穿了大西洋。毫无疑问，如果不是美洲大陆挡在中间的话，按照这种航行方法，他肯定能到达印度的。

经度的测量与时间相关。在海上确定经度，一个人在同一时间里，不但要知道船上的时间，而且还要知道出发点港口或者已知经度的其他地点的时间，两下里的钟表时间可以让导航员将时间的差异换算成地理的差距。

相比之下，经度的测量与时间相关。在海上确定经度，一个人在同一时间里，不但要知道船上的时间，而且还要知道出发点港口或者已知经度的其他地点的时间，两下里的钟表时间可以让导航员将时间的差异换算成地理的差距。因为地球在24小时内自转一周360度，因此每小时可以转1/24圈即15度。因此船只与启程点的每一小时时差，就表示了该船或东或西航行了15度的经度距离。每天在海上，太阳位于天空最高点的时候，导航员就把船上钟表的时间拨为当地正午时间，然后与出发点港口的时间相对照。两种时间每差一小时，就可以换算成15度经度。

同样的15度经度与船所航行的距离是相关的。在赤道处，地球周长最大，15度足足相当于1000英里的距离，但是，从赤道往南往北经度每度的里程值递减，全世界经度的1度都等于4分钟，而相对于距离来说，1度所表示的距离会从赤道处的68英里减小到两极处的零英里。

同时确知两个不同地点的时间——这一测定经度的先决条件，在今天可以通过任何一对廉价的手表，就能如此轻易地达到——在当时那个使用摆钟的时代是完全不可能的事情。在颠簸的船的甲板上，这样的钟会时快时慢，甚至完全停止运行。从寒冷的启程国到热带的贸易区，途中温度的自然变化会使钟表上的润滑油变稀变稠，而且还会导致金属部件的热胀冷缩，另外气压的升降以及不同纬度处地球重力加速度的微小变化，都将对摆钟的快慢产生影响。

在探险时代，尽管有最好的海图及罗盘，但由于没有切实可用的确定经度的方法，即使是再伟大的船长，也都曾在海上迷失过方向。从伽马到巴尔沃亚，从麦哲伦到弗朗西斯·德雷克爵士——他们所到达的“目的地”已经由不得他们的意愿，更多的只能归因于幸运或上帝的庇佑。

在探险时代，尽管有最好的海图及罗盘，但由于没有切实可用的确定经度的方法，即使是再伟大的船长，也都曾在海上迷失过方向。

由于有越来越多的船只在海上航行，他们在海上征服或者是开辟新的领土，或者是挑起战争，或者是在不同国家之间运送黄金，因此各国有大量的财产漂在海上。然而，没有一艘船拥有可靠的方法以确定其位置，因此，有大量的海员，当他们的终点在海上突然出现的时候，他们都措手不及，由于船只触礁而死于非命。其中有一件这样的事发生在1707年10月22日，在英格兰西南端附近的锡利群岛（Scilly Isles），4艘归国途中的英国战舰在此触礁，近两千人因此丧命。

在4个世纪的时间里，整个欧洲大陆都在积极寻求解决经度问题的方法。欧洲列国的君主们都曾在经度的故事里扮演角色，著名的有英国的乔治三世及法国的路易十四。远洋航海家如“邦蒂”号的船长威廉·布莱，以及在夏威夷突然丧命之前曾三度进行远洋考察试验的著名环球航海家库克船长，他们都曾带着很有希望成功的测量经度的方法，到海上去检验它们的可行性和精度。

著名的天文学家也开始考虑运用天体的运行规律来迎接经度挑战。伽利略，卡西尼，惠更斯，牛顿及哈雷都一直求助于月亮和星星以解决经度问题。为了通过天文观测测定经度，巴黎、伦敦、柏林都建起了规模宏大的天文台。与此同时，知识水平较低的人则建议，凭借船上受伤的狗的吠叫，或者在广阔的海面上定点抛锚停泊的信号船上的火炮轰鸣，来传递时间信息。

著名的天文学家也开始考虑运用天体的运行规律来迎接经度挑战。伽利略，卡西尼，惠更斯，牛顿及哈雷都一直求助于月亮和星星以解决经度问题。

在为确定经度而奋斗的过程中，科学家们发现了其他一些奥秘，这些发现改变了他们的宇宙观，其中包括精确测定地球重量、星际距离以及光速。

时光流逝，成功的方法始终没有出现。寻找解决经度问题的方案，同寻觅青春泉、发现永恒运动的秘密和炼铅成金的秘方一样，具有了传奇的色彩。海洋大国如西班牙、荷兰以及意大利的一些城市国家为了找到一种可行的方法，不时掀起寻找经度解决方案的热潮。英国国会在它著名的1714年经度法中设立一笔巨额奖金（相当于今天的几百万美元），以征求“切实可用”的确定经度的方法。

寻找解决经度问题的方案，同寻觅青春泉、发现永恒运动的秘密和炼铅成金的秘方一样，具有了传奇的色彩。

英国的钟表匠约翰·哈里森是一个机械方面的天才，他是制作便携式精密计时器的先锋，并为此贡献出了自己的毕生精力。他实现了恐怕连牛顿都不可能实现的东西：他发明了一台钟，这台钟就像一个永不熄灭的火炬一样，能把真实的时间从船出发的港口带到世界任何一个遥远的角落。

英国的钟表匠约翰·哈里森是一个机械方面的天才。

哈里森，这个出身低微智力高超的人，曾经和与他同时代的有影响力的人物数次交锋。他与第五任皇家天文学家马斯基林牧师大人结成了特殊的仇敌。马斯基林认为那人人都向往的奖金他也有份儿，在某些关键时刻，他使用的手段可以说是奸诈行径。

哈里森没有受过正规教育，也没有从师于任何钟表匠，然而他却制作出了一系列免润滑免清洗的、差不多全无摩擦的钟表。这些钟是由防锈材料制成的，不管它们周围的环境如何颠簸摇晃，其运行部件之间都保持着极好的平衡。他不用钟摆，而是把不同的金属结合起来用在他的钟上。这样，当一种金属成分由于温度变化而膨胀或收缩时，另一种金属会抵消这种变化，从而使钟表保持恒定的速率。

然而，他取得的每一步成功却遭到科学名流们的排斥，他们不相信哈里森的魔术盒。控制着经度奖的发放的人们——马斯基林也是其中的一员——随便在他们认为合适的时候更改获得经度奖的条件，以便于天文学家获奖，而不想让哈里森之类的“工匠”获奖。但是，哈里森的钟表凭着它的精度和可用性最终取得了胜利。哈里森的后继者们对哈里森的复杂、精巧的发明进行了重新设计，从而使它能够批量生产并得到广泛应用。

40 年之后，年迈无力的哈里森终于在国王乔治三世的翼护之下，在 1773 年获得了本来属于他的奖金。在这 40 年里，哈里森经历了政治斗争，国际间的战争，学术上的攻击，科学上的革命以

他实现了恐怕连牛顿都不可能实现的东西：他发明了一台钟，这台钟就像一个永不熄灭的火炬一样，能把真实的时间从船出发的港口带到世界任何一个遥远的角落。

及经济上的动荡。

所有的这些事情，以及更多的其他事情，都和经度的历史交织在一起。虽然，在今天的时代，我们通过同步卫星定位系统，须臾之间可以在误差范围仅几英尺的程度上为轮船定位，我们还是想追寻经度问题的历史踪迹，再一次审视我们的地球。

阅读提示 YUE DU TI SHI

虽然是“想像的线”，但对于人类生活来说却是至关重要。所以这篇文章的作者把找到确定经度方法的哈里森称为“寻找地球刻度的人”。你没想到确定经度曾经难倒那么多大科学家吧？读完这篇故事，赶紧看看《一堂航海技术课》，文后附有很有意思的提示。

新石器时代的天文学*

[美] 麦克莱伦第三 多恩

新石器革命是一个技术经济过程（techno-economic process），其发生没有任何独立“科学”的帮助或投入。谈到新石器时代技术和科学之间的联系，制陶技术就是一个与旧石器时代的取火非常相似的例子。陶匠制罐，只因为陶罐为有用之物，只因为他们掌握了必要的制造知识和技艺。新石器时代的陶匠们掌握了关于黏土和火的特性的实用知识。而且，虽然他们也许会对制作过程中发生的现象进行解释，但是，他们只专心劳作，没有任何系统的材料科学知识，也不曾自觉地把理论应用于实践。硬说制陶技术只有在高深学问的帮助下才得以发展，其实是贬低了新石器时代的手工技艺。

那么，什么东西可以被认为是新石器时代的科学呢？在一个可被称为新石器时代天文学的领域，我们才可以有根有据地来谈属于一个科学领域的知识。确实，有相当多的证据显示，许多甚至大部分新石器时代的人们都会系统地观察天空，尤其是观察太阳和月亮的运行情况。他们经常会造出一些按天象校正方位的标志性建筑，用作判断季节变化的日历。只有在谈到新石器时代的天

什么东西可以被认为是新石器时代的科学呢？在一个可被称为新石器时代天文学的领域，我们才可以有根有据地来谈属于一个科学领域的知识。

*选自《世界史上的科学技术》，王鸣阳译，上海科技教育出版社2003年版。

文学时，我们讨论的才不是科学的史前史，而是史前期的科学。

关于这个问题，英格兰西南部索尔兹伯里旷野上的史前期巨石阵遗址，提供了最引人注目、家喻户晓的例证。利用放射性碳素年代测定法业已查明，巨石阵是在公元前3100年到公元前1500年长达1600年的一段时间内，由不同的人在不同的三个阶段断断续续建造起来的，到最后，索尔兹伯里平原已进入青铜时代。“巨石阵”的英语名称 Stonehenge 的意思是“悬石”（hanging stone）。搬运、加工和竖起这些巨大的石块，表明史前期英国的那些新石器时代的居民该有着何等令人起敬的技术成就！

建造巨石阵曾用了大量的人力，估计总共达3000万工时，相当于10000人工作一年的劳动量。为了掘成一圈环形壕沟，建起直径约为106米的环形土墙，挖出的土石约为2700立方米。在圆垣的外面，巨石阵的首批建设者们竖起的那块所谓“标石”（Heel Stone），估计重达35吨。还有82块“石料”（bluestones），每块重约5吨，是从240千米外的威尔士运来的（主要通过水路）。构成巨石阵外圈石环的30块竖立的长石，每块重25吨左右；横放在长石顶上连成一圈的那30块石梁，每块重7吨。给人印象更深的是在石圈内竖有5尊“三石塔”，平均每尊重30吨，最大的那尊可能超过50吨。（对比一下，用来建造埃及金字塔的那些石块，每块重5吨左右。）那些巨大的石块要从40千米远的莫尔伯勒丘陵地（Marlborough Downs）经陆路运来。尽管有人认为，也许有一段路程古代冰川减轻了把这些巨石运至巨石阵的艰辛。巨石阵的建筑师看来是把这座建筑设计成真正的圆形，为此，他们可能采用了某种实用的几何学和一种标准量尺，也就是所谓的巨石码（megalithic yard）。

巨石阵的建筑师看来是把这座建筑设计成真正的圆形，为此，他们可能采用了某种实用的几何学和一种标准量尺，也就是所谓的巨石码（megalithic yard）。

巨石阵。英国新石器时代和青铜时代早期的部落分多次建成的著名巨石建筑遗迹，它是该地区的祭祀中心，也是用来跟踪一年中季节变化的“天文台”。

建造巨石阵的工作多半是分期进行的，经过了若干代人的努力。这就需要储存食物来养活工人；还得有个相对集中的权威机构来收集和分配食物，并管理监督工程建设。早在公元前4000年，索尔兹伯里平原上就已经出现了新石器时代从事农耕和放牧的部落，他们显然已经达到了所需要的那种生产力水平。新石器时代的农耕当然还达不到后来文明社会那样的集约化程度，然而巨石阵和其他一些巨石建筑却表明，即使集约化程度不太高的农业也能生产出足够的剩余产品来支持大规模的建造活动。

巨石阵是一座天文学建筑，这是在我们这个时代才考证确定的。多少世纪来，有好些有识之

巨石阵是一座天文学建筑，这是在我们这个时代才考证确定的。

士访问过巨石阵，关于它是由谁建造和建造来干什么用，也有过无数奇思遐想。蒙茅斯郡的杰弗里（Geoffrey of Monmouth）早在12世纪他写的一本名为《大不列颠君王史》（History of Kings of Britain）的书中曾写到一个名叫默林（Merlin）的人，说他来自亚瑟王宫，用魔法从威尔士搬运来这些巨石。而另外一些书的作者又说巨石阵是古罗马人和古丹麦人建造的。至今仍在流传的一种虚构的说法，认为是德鲁伊特教徒建造了巨石阵，把它用作祭祀场所。（事实上，处在凯尔特人铁器时代的那些德鲁伊特巫师连同他们的文化，是在巨石阵竣工1000年后才出现的。）在20世纪50年代，甚至在终于搞清楚是索尔兹伯里平原上的新石器时代部落自己建造起巨石阵时，反对的人还不少，他们不相信“嚎叫的野蛮人”能有本事建造如此巨大的建筑，有人干脆说它是来自近东的流动包工队建造的。如今，所有的学者都同意巨石阵是一个重要的仪式中心和祭祀场所，而且是由居住在索尔兹伯里平原上的人建造的。它的结构所体现出来的对天文学知识的运用，表明它的作用是新石器时代的人们的一个宗教活动中心，用来祭祀太阳和月亮，构成一种地区性日历（regional calendar）。

如今，所有的学者都同意巨石阵是一个重要的仪式中心和祭祀场所，而且是由居住在索尔兹伯里平原上的人建造的。它的结构所体现出来的对天文学知识的运用，表明它的作用是新石器时代的人们的一个宗教活动中心，用来祭祀太阳和月亮，构成一种地区性日历。

1740年，英国的古物研究者斯塔克利（William Stuckeley，1687—1765）在他的著作中提到了巨石阵对准太阳方向的结构。他是注意到这一特点的第一位近代人。每天早上，太阳从地平线上的不同方位点升起，一年中，太阳的升起点在地平线上左右移动。在每年夏至那一天，太阳从它的最南点升起，从巨石阵圆垣的中心处望去，正好是对着摆放标石的方位。巨石阵建筑基本上对准夏至日太阳升起点的这一天文学特征，每年

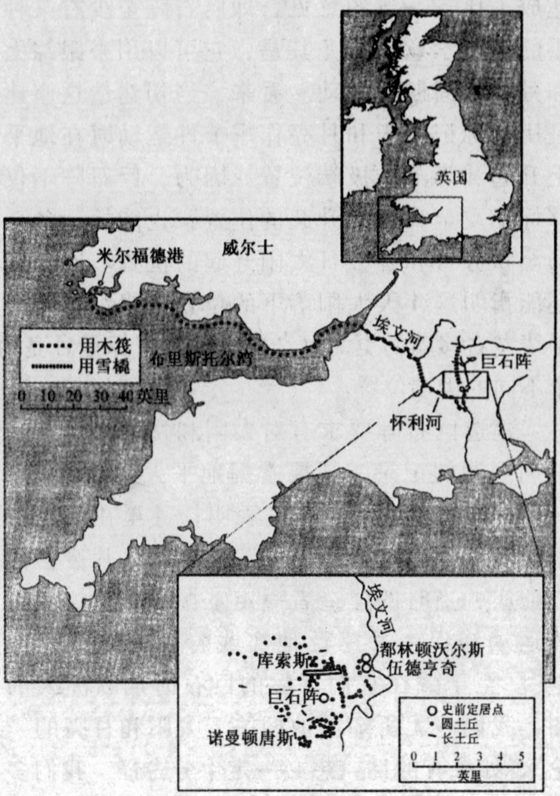

索尔兹伯里平原。巨石阵位于许多新石器时代的居民点之中，表明这个地区相对说来比较富庶，资源丰富。建造巨石阵用到的那些较小的石块，有些是从150英里（约240千米）外的西威尔士用木辊和木筏运来的。一些最大的石块来自北面25英里（约40千米）的采石场。

都能够加以证实，自斯塔克利以来一直没有争议。

然而，在20世纪60年代，有人对巨石阵是精巧的新石器时代“天文台”和“计算机”的看法提出了异议。争论持续到今天仍未停止，但也达成了比较一致的意见，即巨石阵至少有某种不小的天文学意义，尤其是，它可以用来跟踪太阳和月亮的周期性运动。看来，当初建造这座建筑是用来标记太阳和月亮作季节性运动时在地平线上升起和降落的极端位置。因为，巨石阵不仅能够标记夏至日太阳升起的位置，也能标记冬至日乃至秋分日和春分日太阳升起的位置。同样，它还能指明这4天太阳落下的位置，跟踪月亮沿地平线左右移动的更为复杂的运动，来标记月亮的4个不同的极端位置。

建造巨石阵要求有对太阳和月亮进行几十年长期观测的记录，还要掌握地平天文学（horizon astronomy）知识。巨石阵表明，甚至在其建造的最初阶段便已进行过这样的观测。这片废墟向我们证实，当时的建造者一定掌握了相当详细的天体运动知识，并广泛地实践着一种“祭祀天文学”。至于藏在它们背后的巨石时期欧洲人的意图，我们一无所知。他们关于太阳和月亮的“理论”，如果有的话，想必一定十分古怪。我们多半会把他们做出的说明视为宗教诠释，而非自然主义的或科学的说明。尽管如此，诸如此类的巨石遗迹还是表明了一种科学探索，它们反映出当时的人们对天象运动规律性的种种理解，也必定存在着对自然的长期而系统的关注。尽管守护巨石

至于藏在它们背后的巨石时期欧洲人的意图，我们一无所知。他们关于太阳和月亮的“理论”，如果有的话，想必一定十分古怪。

阵的肯定是一些宗教长者、正宗门人或祭司一类有知识的人，恐怕也不能因此就说各处的巨石遗迹提供了证据，表明那时已经有了某种类型的专业天文学家，或者已经有了在后来第一批文明出现以后才有的那种天文学研究。毋宁说，巨石阵是一个巨大的天象仪或者时钟，当时人们用它来跟踪主要天体——可能还有一些恒星——的十分明显的运动。此外，巨石阵肯定还被用作反映季节更替的日历，其精确度和可靠性可以达到一天。作为日历，巨石阵可以用来标记太阳年，甚至把太阳的年运动与月亮的更为复杂的周期性运动协调起来。它甚至可能用以预言日月食，不过，真这样预言过的可能性并不太大。如果仅限于上述这些应用范围，亦即仅限于系统地观察天体，掌握太阳和月亮如时钟般的运动，取得对年月日的理性支配，那么，我们就可以谈论甚至必须谈到巨石阵的新石器时代的“天文学”。天文学的进一步发展，还有待于文字的出现，有待于在集权的官僚政府支持下聚集起一批专家来从事专职研究。不过，在达到那样的发展以前，长时期以来，一直是新石器时代的农民在系统地考察头顶上的这片天空。

天文学的进一步发展，还有待于文字的出现，有待于在集权的官僚政府支持下聚集起一批专家来从事专职研究。不过，在达到那样的发展以前，长时期以来，一直是新石器时代的农民在系统地考察头顶上的这片天空。

在地球的另一侧，复活节岛（又叫拉帕努伊岛）上矗立着醒目的巨大石像，在为同样力量的辉煌默默作证。复活节岛非常小，也非常孤立：仅为 46 平方英里（约 120 平方千米）的弹丸之地，位于南美洲西面 1400 英里（约 2250 千米）处，距最近的有人居住的太平洋岛屿也有 900 英

从巨石阵看夏至日太阳升起。在夏至日（6月21日）的早晨，太阳正好在巨石阵的主轴线方向升起，就像安放在标石的顶上。

里（约1450千米）。波利尼西亚人于公元300年后的某个时候漂洋过海来到复活节岛，以种植甜薯、在亚热带棕榈树林中采集和在多产的海里捕鱼谋生，逐渐兴旺发达起来。他们的经济属于定居的旧石器时代经济或者简单的新石器时代经济。当地资源十分丰富，即使人口增长率很低，但经过1000多年的发展，基本人口仍然不可避免地膨胀了起来，到公元1200—500年该文化的鼎盛时期，当地人口已达到7000—9000人。（有专家估计其人口超过20000人）

岛上的居民雕刻和竖起了250多尊纪念碑一样的摩阿仪石像，安放在巨大的石基座上，个个面向大海。值得注意的是，这些石基座安放的方

复活节岛上的新石器时代社会。那个以粗放型农业为基础的社会在此处繁荣过好几百年，最后因生态被毁而消失。在其鼎盛期，这里建造起许多被称为“摩阿仪”的巨石雕像，其规模与巨石阵及其他典型的新石器时代的标志性公共建筑相当。

位也隐含了某种天文学涵义。看见它们，立即会使人联想到建造英国的巨石阵或者中美洲奥尔梅克巨石头雕的那些古人的伟大杰作。复活节岛上普通的一尊摩阿仪石像就有 12 英尺（约 3.6 米）高，重量接近 14 吨。它们须得在陆地上搬运 6 英里（约 9.7 千米），要有 55～70 个壮汉才能搬动。有少数巨大的雕像，高度近 30 英尺（约 9 米），重达 90 吨。另有几百尊雕像——有些显然还要大得多——躺在采石场，尚未完工。从现场看来，一切建造活动是在突然间被打断的。在这个偏僻的复活节岛上，树木全被伐光，因为原来居住在这里的岛民需要大量烧柴，还需要树木来制造独木舟。没有独木舟，他们就无法出海去捕捉他们

岛上的居民雕刻和竖起了 250 多尊纪念碑一样的摩阿仪石像，安放在巨大的石基座上，个个面向大海。值得注意的是，这些石基座安放的方位也隐含了某种天文学涵义。

的主食——海豚和金枪鱼。到1500年时，棕榈树已被砍光，自然生长的鸟类也随之绝迹。那时，人口压力已极具毁灭性，岛民们不得不大量养鸡，甚至食人肉、吃老鼠。人口数量一下子又锐减了下来，也许只有以前的十分之一。欧洲人在1722年“发现”的，就是这些可怜的幸存者。到1887年，岛上仅存有100个活人。这个原始岛屿上的物产提供了丰富的资源，那里也曾经进化出一种典型的新石器时代（或者定居的旧石器时代）的人类社会。然而，人们的贪得无厌和小岛狭窄的生态环境，使得在那里原本进化起来的擅长石工、膜拜上天和燃烧柴火的文化在劫难逃，终不得延续。

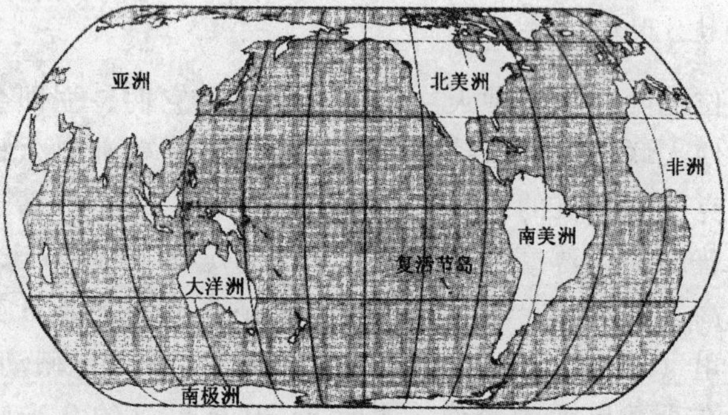

复活节岛。这块孤立的小岛位于南太平洋，距南美海岸1400英里（约2250千米），距西面最近的有人居住的岛屿900英里（约1450千米）。波利尼西亚航海家多半利用了星图导航，再凭着他们对风和洋流变化的了解，于公元300年前后到达这里。欧洲人在1722年才“发现”这个小岛。

一般说来，通过观察太阳和月亮，世界各地的新石器时代的人们都建造过一些标志物——通常为地平标志物，用来监测太阳和月亮在天空的周期性运动，据此计算流逝的年时和季节，提供对于农民社会极有价值的信息。在某些情形，他们还建造出非常精致而又代价高昂的用来推算一年中的时间和预告节气的装置，那当然只有在比较富庶的地方和有了更多的剩余财富后才有此可能。

在巨石阵建造之前，更在复活节岛上有人定居和遭受劫难很久以前，在某些环境不大好的地方，增长的人口甚至对新石器时代已经大为扩展的资源终于也构成了压力，从而在埃及、美索不达米亚和其他一些地区，为人类社会生活方式的一场伟大的技术变革——城市文明的到来——设置好了舞台。

一般说来，通过观察太阳和月亮，世界各地的新石器时代的人们都建造过一些标志物——通常为地平标志物，用来监测太阳和月亮在天空的周期性运动，据此计算流逝的年时和季节，提供对于农民社会极有价值的信息。

阅读提示 YUE DU TI SHI

英格兰的巨石阵和复活节岛上的巨大石像，都是令人叹为观止的名胜古迹。你以后有机会周游世界时一定得去看看。作者说它们是产生于新石器时代的天文学建筑（注意：说得有根有据！），看来人类最早的科学的确是天文学，是人类仰望天空产生的科学。想像一下新石器时代的人面向星空的感觉吧！——人类的智力刚刚“觉醒”，而文明的进程也才刚刚开始，星空之下的大地还全是荒野……这样吧，你就想像一下你自己独自站在月球上仰望星空，那会是一种什么样的感觉？参看《天空是一个大日历》一文及所附“阅读提示”。

一堂航海技术课*

国际技术教育协会

历史上的一些关于人们如何运用解决问题的技能来解决技术问题的例子，给学生提供了通过几个领域的学习来掌握多种原理的机会。在一节探索课上，H 老师给班上的同学布置了阅读作业，要求阅读帕姆·康拉德的小说《佩德罗的日志》(Pedro's Journal)。这本书为考察航海技术的不同实例提供了背景。

学生发现，水手们通过测量北极星的仰角可以较容易地确定自己的纬度。H 老师向同学们介绍了角度的概念，以及地球的经纬度坐标系统。在课堂上，学生用量角器和三角板来制作星盘(一种古代的天体观测仪)，还运用多媒体软件来模拟星体的视动。通过以上这些工作，学生可以很明显地看出，北极星是北半球天空中相对观测者来说唯一保持位置恒定的星体。

一张精确的极地星座图被贴在教室的天花板上，学生利用学会的解决问题方法在教室中“航行”，确定自己的课桌的“纬度”。

随后，一张精确的极地星座图被贴在教室的天花板上，学生利用学会的解决问题方法在教室中“航行”，确定自己的课桌的“纬度”，或者看自己的削铅笔刀相对于老师的课桌来说是更靠北

---

*选自《美国国家技术教育标准：技术学习的内容》，国际技术教育协会著，黄军英等译，科学出版社 2003 年版。

还是更靠南。在讨论中，同学们得出结论：星盘只能确定纬度，而教室中有几个点似乎纬度相同，因此很明显，早期的海员出海时需要发展另外的技术来准确地确定自己的位置。

为了解决上述问题，即让海员在海上能更精确地确定自己的位置，学生被分成各个小组来开发航海设备。各个小组用头脑风暴法产生不同的创意，还到图书馆进行文献调研及上因特网查询，直到选定最佳的办法。在老师的帮助下，每一个小组做一个自己设备的模型，对之测试，看它是否正常工作。各个小组随后向同学们公布自己的发现并展示自己的设备。

学生在阅读小说时了解到，过去的水手测定航行速度的方法是，把一根用绳子拴着的木板从船尾处放入水中，然后数一数在一定时间内在船舷上缘滑过的绳结个数。同学们讨论到，正是这种方法的不准确性，使哥伦布轻易地使他的随从相信他们离开祖国的距离还不算远，以为自己所处的位置还比较偏东（其实他们实际所在的位置比他们以为的位置要偏西好多）。

同学们讨论到，正是这种方法的不准确性，使哥伦布轻易地使他的随从相信他们离开祖国的距离还不算远，以为自己所处的位置还比较偏东。

通过研究航海技术的发展，同学们了解到了各种各样的解决问题的方法：测量、角度、经纬度坐标系统、精确性与准确性；天文学；速度、时间以及距离测算；研究、设计、开发和测试；西方的历史以及阅读理解。

阅读提示 YUE DU TI SHI

建议你向你们老师提建议，也上一堂如法炮制的航海技术课。老师如果不同意，可以约几个同学组成一个研究小组，照文中提出的思路去研究一下如何确定经度的问题。

四 读大自然这本活书

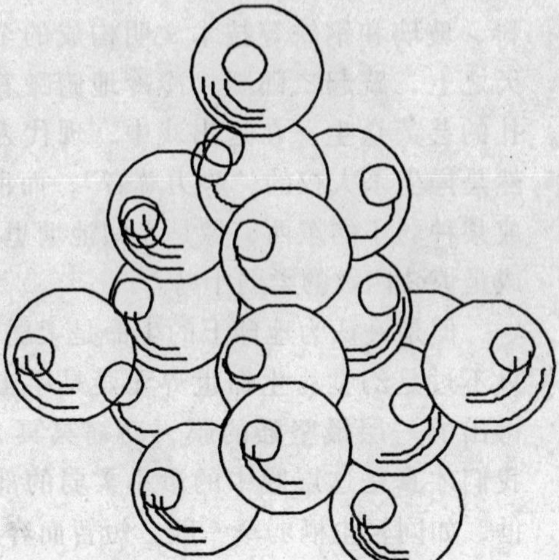

细胞的身世*

［美］托马斯

有人说，现代人的烦恼全出在他一贯处群萃而自异，总想摆脱自然，超凡入神。他坐在由塑料、玻璃和钢铁等技术文明构成的至高至尊的九天之上，跷起二郎腿，冷冷地俯瞰着在尘世中挣扎的芸芸众生。在这出戏中，现代人一出场，俨然是操生杀大权的“势力尊者”，而世界则被描绘成某种弱小的东西，像是乡间池塘里冒出的泡沫，或是惊弦四散的柔弱小鸟。

认为地球上的生命是柔弱的这种念头，只不过是幻觉；生命世界无疑是宇宙间可以想像得出的一层最坚强的膜，窈窈冥冥，孳息不绝。我们才真是这层膜中的渺小柔弱的部分。

但是，认为地球上的生命是柔弱的这种念头，只不过是幻觉；生命世界无疑是宇宙间可以想像得出的一层最坚强的膜，窈窈冥冥，孳息不绝。我们才真是这层膜中的渺小柔弱的部分。人生在世，如同轻尘栖弱草一般，短暂而容易受到伤害。人总想杜撰一种在他的想像中凌驾于一切生物之上的存在，这也不是一件新鲜的事情；这已是他几千年来朝思暮想费心劳神的一番努力。然而幻觉终归是幻觉，它在过去从未得到令人满意的结果，今日依然如故，搞不出更多的名堂来。其实，人类的根柢是埋置在自然之中的，始终无法超脱。

其实，人类的根柢是埋置在自然之中的，始终无法超脱。

近年来生物科学的发展已经使大家认识到，

*选自《观海窥天：现代生物学的启迪》，胡寿文译，商务印书馆1994年版。

这是一个与性命交关而再也不能忽视的紧迫的实情了。我们认识到自己和自然竟是这样紧密地相互依存，真好似醍醐灌顶，当头棒喝，今后如何按照这种认识来妥善处理自己的行为，便成了一个新的难题。大多数人那种自诩掌握着无上权威的抱残守缺的旧观念，正在受到重创而逐渐土崩瓦解。

且看几则生物学的新进展吧。其一，有一个很好的例子可以证明我们人的存在并不是单纯的实体。我们从前总以为我们身体的各个部件都是人类自己专有的，经过历代相继的充实和丰富才包装成现在这副皮囊的模样；其实不然，我们身体的结构原本是四方来杂，有来分享的，有来寄寓的，有来占领的。细胞的内部有一种称为线粒体的细胞器，它们驱动细胞，提供细胞呼吸作用所需要的能量，从而使我们充满活力，驱使我们在晴朗的日子里到户外去活动，改善我们的健康，使身体日渐发达。然而严格说来，这些线粒体并不是我们自己的。它们原本是一种独立的小生物，是漂泊的原核生物移民的后裔，很可能是一些原始的细菌，它们蜂拥进入我们的真核细胞的祖辈先驱的身体里，并且在那里定居下来。从那时起，它们一直按照自己的生活方式生存下来，根据它们自己的完全不同于我们的 DNA 和 RNA 的指令，按照自己的模样，私下进行复制和繁殖。它们完全和大豆根部的根瘤菌一样是一些共生的生物。没有它们，我们就会成为不能活动的僵尸，动不了一块肌肉，手指叩击不得，连转一个念头都办

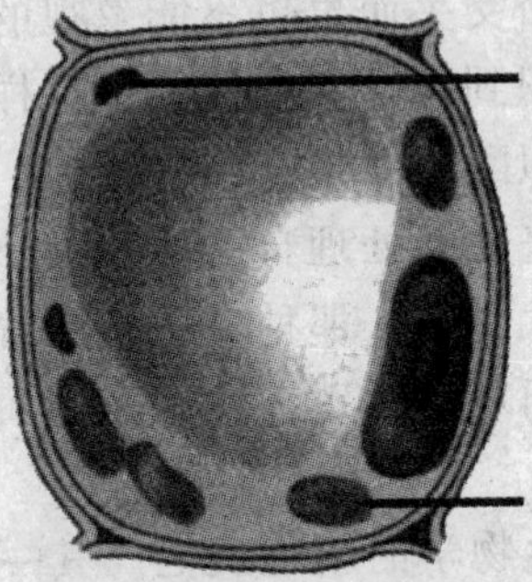

细胞中的线粒体和叶绿体

不到。

线粒体是一些稳定而恪尽义务的寄居房客，我乐于信赖它们。还有其他一些小动物同样地在我们的细胞里安家，调理我，使我平衡安稳。多方来客聚集成我，又有什么不好呢？我的细胞里的中心粒、基体，很可能还有许多其他更加难于分辨的小东西，在我的细胞里面活动和工作，各有一套特别的基因组，它们就像蚜虫之于蚁冢一样，都是外来的异类，然而却都是不可或缺的。我的身体是由细胞建造起来的，但它们早已不再是一脉单传的纯粹的实体；它们是一些比牙买加湾还要复杂得多的生态系统。

我喜欢把它们看作是为我效力的，一呼一吸都在为我服务，然而，也许正是它们利用了我，每日清晨，在本地的公园里闲庭信步，感受我的感觉，听我所听的音乐，思考我所思考的事情。

我喜欢把它们看作是为我效力的，一呼一吸都在为我服务，然而，也许正是它们利用了我，每日清晨，在本地的公园里闲庭信步，感受我的感觉，听我所听的音乐，思考我所思考的事情。

想到那些绿色植物，也都陷入和我同样的困境，心里略微舒坦一些。绿色植物的叶绿体是操纵光合作用的机构，为我们生产氧气，没有这些叶绿体，绿色植物就不可能成其为植物，至少不可能成其为绿色的植物。原来，叶绿体也是独立的生物，它们有自己的基因组，有自己的一套密码信息，说它们自己的语言。

我们在自己的细胞核中储藏有相当数量的DNA，它们也许是在早先的某个时候，通过祖辈细胞的融合以及通过共生的祖辈有机体的联合而得到的。我们的基因组是一部源出于自然的种种指令的汇编，它把那些教导我们如何在各种变化莫测的环境中生存下去的指令归档备查，以防万一。就我个人而言，我感谢还有分化和专化这样一种过程使我得以演变成人，但是在明白了这些事情之后，我再也不能像几年之前那样，以为自己是个独立的单一的实体了，而且我应该说，从今以后，任何人都不可以再抱有那种唯我独尊、妄自尊大的想法了。

事情之后，我再也不能像几年之前那样，以为自己是个独立的单一的实体了，而且我应该说，从今以后，任何人都不可以再抱有那种唯我独尊、妄自尊大的想法了。

其二，地球上的生命形态千差万别，令人吃惊，但这些品类万殊的生命所包含的统一性则更加叫人瞠目结舌，觉得是件更大的奇事；然而这是可以理解的，因为大家很可能都是从某个单细胞起源和演变而来的，它孕育诞生在远古地球冷却的时候，在那闪电雷鸣的世界里。我们的形态就是从这个祖辈细胞的后裔那里取得的；我们至今仍然和世界上的生物一起享有一些共同的基因，而离离小草和庞庞巨鲸的身体里的酶也有相似的地方，这就是同宗同缘的亲近现象。

种种病毒本来被视为专门召病致死的力量，

如今看上去更像是一些能动的基因了。进化的过程依然是一场旷日持久的、无休无止的生物学上的竞赛，只有胜利者才能生存下来，不过，竞赛的规则似乎也开始显得更加变通了。我们生活在病毒发祥流布、到处滋生的环境里；它们颇有一点像蜜蜂那样，东扑西撞，来去匆匆，从有机体冲到有机体，冲了植物又冲昆虫，冲哺乳动物，冲我，来回折腾，还有一头扎进大海里去的。它们不论冲到哪里去，都奋力拖着各个种类的基因组上的片断，把这些DNA片段拿来到处嫁接，到处传递遗传的信息，好像是在一个盛大的社交聚会上分发礼品一样。它们的活动可能是一种遗传

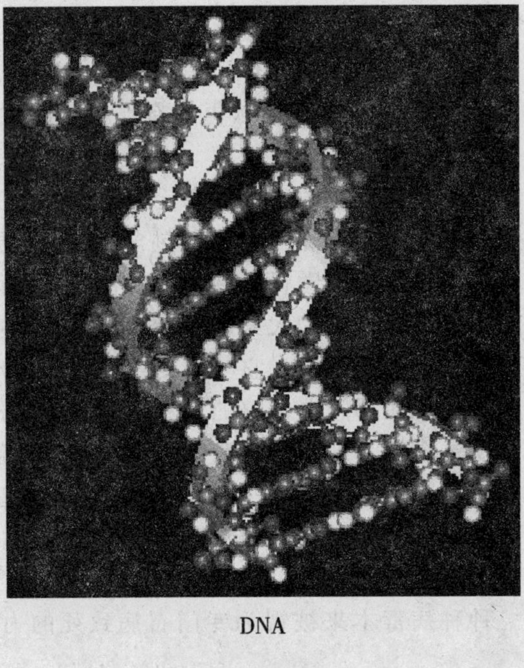

DNA

机制，使DNA的新的突变种类在我们中间广泛流通。如果真是这样，则我们在医学上一向必须十分关注的古怪的病毒性疾病，便可以看作是意外的事故，属于飞来的横祸。

其三，我曾经企图把世界看作是一种有机体，但始终没有结果。我觉得这样想很难想下去。世界太大，太复杂，活动的部件太多，又很难发现它们之间的盘根错节的关系。不久前的一个晚上，我驱车经过新英格兰南部一处丘陵起伏、树木茂密的地方，触景生情，不禁又想起了这个问题，感到真是不可思议。世界如果不像一个有机体，那么又像什么，或者最像什么呢？后来，我一阵心血来潮，觉得它最像一个单细胞，当时感到这个想法也还差强人意。

世界如果不像一个有机体，那么又像什么，或者最像什么呢？后来，我一阵心血来潮，觉得它最像一个单细胞。

阅读提示 YUE DU TI SHI

从生物学的意义上说，什么是“我自己”？这确实是一个应该好好思量的事情。刘易斯·托马斯一直关注“共生现象”，由此引出的议论常常能发人深省。你注意过“共生现象”吗？以后不妨多加注意，除了直接观察自然以外，简捷的方法是读一些有关书籍或看有关电视节目（如科学教育频道）。面对那些奇特的现象，你不可能不感到惊奇，不可能不开始思想。

不碍事的鱼缸*

[奥地利] 劳伦兹

万物相形以生，
众生互惠而成。
——歌德《浮士德》

在一个玻璃缸里铺一层干净的细沙，再丢几根水草进去，这件事既不花钱又有趣。然后倒几桶水，把整个玻璃缸移到有阳光的窗台上，几天之后，水渐渐清了，水草也开始生长；然后再放进几条小鱼，或者带个罐子、一张小网跑到附近的水塘里，用网子在水底下兜几兜，你马上就可以带回家一大堆有趣的生物了。

孩童时代的魅力，对我而言，就属一个粗制滥造的渔网，最好不要有铜丝边和纱布网那些复杂东西。照艾顿堡的传统，渔网的边用一根铁丝弯一弯就成了，一只破袜子、一块旧窗帘布，甚至一块尿布都可以做网。我在9岁的时候，就是用这样的一张网，替我养的鱼找到了第一批水蚤（Daphnia），因

* 摘自《所罗门的指环》，游复熙等译，中国和平出版社1998年版。

此而对整个淡水池塘的奇妙天地发生兴趣。在渔网之后是放大镜，再后是一具小型的显微镜，这之后我的命运就算定了。正如柏拉图所说的：一个人只要亲眼见过真正的美，死亡就不能够奈何他。的确，一个人只要见过大自然的美，就能体会柏拉图话中的意思。如果他的眼睛够好，观察力够敏锐，那他一定可以成为博物学家。

一个人只要亲眼见过真正的美，死亡就不能够奈何他。

所以你就带着网子在水塘里兜鱼，就是把鞋子都弄上水和泥也不要担心。如果你找对了地方，一下子你的网底就会有好多像玻璃一样透明的、蠕动着的小生物。你把这些东西倒在预先预备好、已经装满了水的罐子里，带回家去，再把罐子里的东西小心地转到水缸里，于是一个新的世界就显现在你的眼前和你的放大镜之下了。

一个鱼缸就是一个世界，因为它就像是一片天然的池塘和湖泊，就像是我们住的星球，里面的动植物是在完全平衡的生态状况下生活在一起的。动物呼出的二氧化碳是植物所需要的，植物呼出的氧气又是动物所需要的。不过有一点要弄清楚：植物并不是颠倒动物的呼吸法，呼氧吸碳；植物和动物一样，吸的是氧气，呼的是二氧化碳。不过撇开呼吸作用不谈，植物需要二氧化碳来制造生长所需的养料，换句话说，植物需要“吃”二氧化碳。在这个过程之中，它会排出大量的氧气，除了供它自己呼吸之外，还有多余的，这些过剩的氧气，刚好可供人和动物呼吸。还有，动物死后尸体会被细菌分解，分解后的成分植物又可以加以同化利用，因此，构成生命大循环的三

一个鱼缸就是一个世界，因为它就像是一片天然的池塘和湖泊，就像是我们住的星球，里面的动植物是在完全平衡的生态状况下生活在一起的。

大关键：

植物——创造者

动物——消费者

细菌——分解者

乃是息息相关、互生互惠的。

在一个鱼缸的小小天地里，动植物间的生态平衡只要一受到扰乱，就会造成十分悲惨的结局。许多养鱼的人，小孩子也好，大人也好，常常会忍不住再加一条鱼进去，其实鱼缸里的鱼可能已经太多了，这新加的一条鱼很可能就是使骆驼不支倒地的最后一根草。一个鱼缸里的动物太多了，氧气就会不够，迟早就会有一两条鱼窒息死掉。如果我们没有注意，水缸里因为有了腐烂的尸体，细菌就会大增，所以水也浑了。水一浑，氧气就更少，于是更多的动物死掉。这样就越来越糟，我们好不容易培养出来的小天地渐渐就要化为乌有，很快地连植物也开始腐烂了……仅仅几天以前还是一个干净、漂亮、有鱼、有草的小池子，现在却成了一缸臭水！

在一个鱼缸的小小天地里，动植物间的生态平衡只要一受到扰乱，就会造成十分悲惨的结局。

比较内行的养鱼人常常用人工的法子把空气打进水中，以避免上面所说的危险，只是这样做就失去了养鱼的真正意义了。我们本来是要这个小小的水中世界自给自足，除了喂一喂养在里面的生物，清洁一下鱼缸顶上的一块玻璃板（其他的玻璃板上如果生了水藻，最好不要去动它，因为它们有助于氧气的供应），不应该再为别的事费心的。一旦鱼缸里的动植物达到了生态上的平衡，我们就再也用不着去清理它了。如果我们不养大鱼，特别是那种喜欢到水底下翻来搅去的大鱼，就是水缸底部堆积了一层鱼的排泄物和枯萎了的碎草也不要紧，因为这新加的一层使得原来干净但贫瘠的一层沙顿成沃土，反而有好处；且不管这一层新泥，水的本身会和阿尔卑斯山上的湖一样，始终清澄，始终没有气味。

一旦鱼缸里的动植物达到了生态上的平衡，我们就再也用不着去清理它了。

不管是就生物学上的理由，还是就美观上讲，都是以春天修槽种藻、大兴渔事为最合适。而且开始时最好只放少许几根正在萌芽的水草，因为只有在水缸里长大的植物才能适应缸里面特殊的环境，而越长越美；凡是在别的地方长大成熟的水草，再移植到缸里，常常连原来的美都不能保持。

我觉得最奇妙、最使人迷惑的一件事就是：如果我们在原来的鱼缸之外再新添一个别的水槽，让两者之间只隔两五六厘米，它们会发展成迥然不同的两个天地，就像离开好几千米的两个湖一样，各有千秋。

一个人在开始设槽养鱼的时候，绝对没法想像它会怎样发展，更不能猜到它达到平衡状态时的模样。假定一个人在同时间同地点，在用同样材料造成的三个水缸里，都种下水生的麝香草（water thyme）和小二仙草（water milfoil），而且把三个水缸都放在同一个架子上，结果也许第一个缸里，麝香草越长越密，渐渐把小二仙草的位置挤掉了；第二个缸里，刚好相反，成了小二仙草的天地；第三个缸里，两者也许平均发展，然后不知道从哪里，又生出一种新的丽藻（Nitella

Flexilis)，它们像枝形灯架一样，伸出许多分支，非常美观。就这样，这三个水缸会发展成三种完全不同的地理环境，各有其特殊的生物性条件，各自适合于不同种类的生物滋长繁殖。简单地说：虽然它们都是在同样的情况下造将起来的，每一个鱼缸却有它自己的小小世界。

一个人在养鱼的时候，一定要有一点自制力，才不至干涉到鱼缸的自然发展，有时候，甚至好意的调整也会造成很大的损害。当然，如果我们只是要一个“漂亮”的人工化的水族馆也可以：先把植物安置得好好的，再装一个过滤器，这样泥巴就不会堆积在缸底；然后用人工打气的法子，使水里面的氧气永远不缺，这样就可以养更多的鱼。在这种情形下，水缸里的植物完全是做装饰用，动物并不需要它们，因为打气机已经可以供给它们足够的氧气了。

一个人在养鱼的时候，一定要有一点自制力，才不至干涉到鱼缸的自然发展，有时候，甚至好意的调整也会造成很大的损害。

至于要用哪种法子养鱼，完全看各人的口味；我是觉得水族馆应该是个活生生的社会，应该能维持自己的动态平衡。一个人工化的水族馆，就像个牢笼一般，顶多只是个弄干净了的容器而已，它是用来“关”某一些生物的工具，本身并不是个目的。

我是觉得水族馆应该是个活生生的社会，应该能维持自己的动态平衡。一个人工化的水族馆，就像个牢笼一般，顶多只是个弄干净了的容器而已，它是用来“关”某一些生物的工具，本身并不是个目的。

要决定在水缸里养哪一种生物、种哪一种水藻，真是一门学问。一个人一定要有很多的经验和生物学上的常识，才晓得替水缸的底层选怎样的材料，把水缸放置在哪里，怎样把光线和温度安排得恰到好处，以及选择彼此适合的动植物。过去有一个人是这方面的大师，我的老友赫尔曼

(Bernhard Hellman)，可惜他已悲惨地去世了。

赫尔曼能够随心所欲地仿造任何一种池塘、湖泊、小溪或大河，他曾造过一个很大的水族馆，和阿尔卑斯山的湖完全一样，真是一件杰作：整个水箱又深又凉，并不近光；清澈的水中长着玻璃一样透明的、淡绿色的水草；底层的碎石上面还有一层暗绿色的水苔和好看的轮藻（chara）。除了微生物外，赫尔曼只象征性地选了几种小型的鳟鱼和鲦鱼（minnow）、一些淡水虾和一条小小的喇蛄（crayfish），因水缸里的动物这么少，他根本用不着喂它们东西吃，仅是里面天然的微生物，已够它们安居乐"游"了。

如果你是想养一些比较娇生惯养的水中动物，在造水槽的时候，就得想法子把它的天然环境，包括和它一起生长的大小生物一一保存。就是水族馆里最常见的热带鱼，养不养得好，也得看做到这个条件没有。只是这类鱼的天然居地本来就小，水也不怎么干净，而且这些热带水塘里的水，经年累月地受到同样高温的日光曝晒，因此它们生活其中的天然环境，本来就和装设电气保温设施（且又安置在向南的窗边）的水族箱里的环境相当类似，所以热带鱼一般说来较容易饲养。欧洲大陆上的河流池沼就不同了，因为各地气候不同，发展也各异其趣，要在室内保存它们的特色真是谈何容易，所以要养欧洲土生土长的鱼，比养热带鱼麻烦得多。

你现在大概明白，为什么我劝你用自己做的网到附近的池塘里去捞鱼了。我有过好几百个各如果我把这些年来从书本里学到的知识，与从大自然这本活书里"看"来的学问，一起放在天平上称一称的话，前者实在太微不足道了。

式各样的鱼槽，不过最喜欢的还是这种就地取材、又便宜、又普通的"池塘式"鱼缸，因为这是用人力所能得到的一个最自然、最完全的活的社会。

一个人可在鱼缸前面坐着看好半天，就像看熊熊的火舌和奔腾的流水般，好像连思想、意识都在这种悠悠然神往的境界里遗失了。其实就是在这种怡然自得的时候，最能学到有关众生群相的真理。如果我把这些年来从书本里学到的知识，与从大自然这本活书里"看"来的学问，一起放在天平上称一称的话，前者实在太微不足道了。

阅读提示 YUE DU TI SHI

很想建议你按作者的说法养一缸鱼，但不知道你有没有条件，那就先建议你细细地读一读这篇文章，细细地体会一下"一个鱼缸就是一个世界"的意思，体会一下"池塘式"鱼缸是"用人力所能得到的一个最自然、最完全的活的社会"的意思。体会一下"生态平衡"的意思。还有，细细地体会一下作者在看"大自然这本活书"时那份欣喜之情。

花与我们的契约*

[美] 波伦

从前，世界上没有花——稍微精确一点地说，是在2亿年前。当然，后来有了植物，有了蕨类植物和苔藓，有了松类和苏铁类，但是这些植物并不形成真正的花和果。它们中的一些是无性繁殖，以种种手段来克隆它们自己。有性繁殖是一种经过慢长发展的事情，通常与花粉被释放到风中或水里有关。由于一些纯粹偶然的机会，花粉找到了到达这一种类的其他成员那里的途径，一颗小小的、原始的种子就产生了。与现在我们自己的这个世界比起来，这个有花之前的世界是一个更为缓慢的、更为简单的、更为沉睡的世界。进化更为缓慢地继续下去，世界上的性太少了，它发生在那些靠得很近和种属上紧密相连的植物之间。这样一种保守的繁殖途径就产生了一个生物学上较为简单的世界，因为它所产生的新鲜事物变化相对较少。生命就整体而言是更为当地化的和天生如此的。

从前，世界上没有花——稍微精确一点地说，是在2亿年前。

有花之前的世界比起我们的世界来更为沉睡，因为缺乏果实和大种子，它不能支撑许多温血的生物。爬虫类动物统治着世界。不管什么时候，

*选自《植物的欲望：植物眼中的世界》，王毅译，上海人民出版社2003年版。

有花之前的世界比起我们的世界来更为沉睡，因为缺乏果实和大种子，它不能支撑许多温血的生物。爬虫类动物统治着世界。不管什么时候，只要变得寒冷，生命就会减缓为一种爬行。

只要变得寒冷，生命就会减缓为一种爬行。在夜晚不会有什么事情发生。当时也是一个看起来更为质朴的世界，比起现在来还要绿，缺乏花果所能带来的色彩和形状模式（更不必提气味了）。美还不存在，也就是说，事情被观看的方式与欲望毫无关系。

花改变了一切东西。被子植物——植物学家们对那些能够形成花、然后又能形成被包裹住的种子的植物的称呼——在白垩纪出现了，它们以极快的速度在世界上传播。“一个令人讨厌的神秘”，这是查尔斯·达尔文对这种突如其来的、整体性的、原本可以避免的事件的形容。现在，不再要依赖于风或者水到处运送基因了，一个植物已经可以谋取动物的帮助了。这是一个巨大的共同进化的契约：用营养来换取运送。有了花的出现，各种全新水平的复杂性就来到了这个世界上，有了更多的相互依赖、有了更多的信息、有了更多的交流、有了更多的试验。

植物的进化依据新的动力来进行，这就是不同物种之间的吸引。

植物的进化依据新的动力来进行，这就是不同物种之间的吸引。现在，自然选择就更为喜欢那些能够固定住花粉传递者注意力的花、那些能够吸引住采集者的果子。其他生物的种种欲望在植物进化中变得极为重要了。道理很简单：那些成功地满足了这些欲望的植物会有更多的后代。美作为一种生存策略出现了。

美作为一种生存策略出现了。

新的规则加快了进化变化的速度。在新的规则下，更大、更明亮、更甜、更为芬芳的品质都很快地得到了回报。然而，专门化也得到了回报。

凤尾兰

由于一个植物的花粉是被放置在一个昆虫身上来传递的，这就有可能传递到错误的地方去（比如传到那些没有关系的物种的花上去），这就是一种浪费。所以，能够尽可能地在看和闻上与其他物种区分开来也成为了一种优势。最好是能够掌握单独一种专心致志、愿意献身的花粉传播者。动物的欲望于是就被解析了、细分了，植物们则与之相应而专门化。于是前所未有过的花的多样性就出现了，它们绝大部分有着共同进化和美的标志。

花变成了果和种子，而这些也在地球上再次创造生命。靠着生产糖分和蛋白质来诱惑动物去扩散它们的种子，被子植物就增加了世界上的食物能量的供应，使得大型的温血哺乳动物有可能出现。没有花的话，在没有果的叶子世界里活得很好的那些爬行动物很可能如今还在统治；没有花的话，我们可能就不存在。

没有花的话，我们可能就不存在。

所以，是花产生了我们这些它们的最大钦佩者。到了一定的时候，人类的欲望就进入了花的自然史中，而花还是它一向所做的那样：让它自己在这种动物的眼中继续更为美丽，在它的存在中放入了似乎是最不可能做到的我们的那些观念和隐喻。现在，出现了像是睡醒的宁芙的玫瑰，出现了花瓣如同短剑的郁金香，出现了有着女性气味的牡丹。依顺序，我们也做我们的事情，没有道理地繁殖这些花朵，在这个行星的各处传播它们的种子，写书来歌颂它们的名声，确保它们的快乐。对于花来说，还是那个古老的故事，与一种情愿的、有点轻信的动物达成了庞大的共同进化的契约。这在整体上是一笔好交易，尽管没有早先那个与蜜蜂的原型性的契约那样好。

所以，是花产生了我们这些它们的最大钦佩者。

对于花来说，还是那个古老的故事，与一种情愿的、有点轻信的动物达成了庞大的共同进化的契约。这在整体上是一笔好交易，尽管没有早先那个与蜜蜂的原型性的合同那样好。

那么我们又如何呢？我们得到了什么呢？花对我们也做得非常好。当然，有各种感觉的愉悦，有它们的果实和种子作为食物，有新的隐喻的丰富储藏。但是，对于一种鲜花，我们甚至还凝视得更为深入，发现了更多的东西：一种考验美的坩埚，如果不是对艺术的话，这或许是对生命意义的一瞥。注视着一朵花，你会看到些什么？你看到了自然双重属性的那个核心，这就是创造与分解相互竞争的两种能量，就是复杂形式的螺旋上升尖和从这里拉开的潮涨潮落。阿波罗①和狄俄尼索斯②就是古希腊人对大自然的这两副面孔给予的命名。在大自然中，它们这种斗争的最鲜明或最令人痛苦的体现就是花之美和这种美的迅疾消逝。既有秩序的对所有偶然性的胜利，也有秩序的令人愉快的放弃；既有艺术的完美，也有大自然盲目的流溢。在某种意义上，是既有出类拔萃的超越，又有平平常常的必需。能不能说——就在这里，就在一朵花中——有着生命的意义呢？

郁金香

① 阿波罗，古希腊的太阳神，也是艺术之神。

② 狄俄尼索斯，古希腊的酒神。

阅读提示

YUE DU TI SHI

从植物的角度看问题，我们人类就是它们的环境因素之一，它们得“想办法”适应我们、利用我们，把我们“考虑”到它们的生存和进化的“策略”中去。因此，夸张一点说吧，我们在情人节给情人送玫瑰花的风尚也在植物的“计算”之中。这不完全是一种比喻，而是在陈述生物进化史上的一个事实。之所以采用拟人化的措辞，是因为我们只能用自己的语言去描述和理解植物的“行为”。这篇文章提供了一种思路，你可以沿着这一思路去琢磨琢磨植物的“行为”（当然须根据可靠的观察与知识）。你不难发现，植物对环境是一点也不被动的。

大与小：地球上的生命*

[英] 巴 罗

“先生，如果您不在意的话，我想变得大一点。”爱丽丝说道，“三英寸（约7.6厘米）高也太寒碜了。”

“这样的高度其实正好！”飞蛾答道。

——刘易斯·卡罗尔《爱丽丝漫游奇境记》

地球完全不同于月球。地球的四周包围着一层十分复杂的生物圈，而月球却是死气沉沉的不毛之地。原因在于：地球有一个由氮、氧等组成的大气层，它促进了地球表面复杂的化学反应和生物演化的进程，而月球却没有这些。月球太小，它的引力无法使其形成一个大气层。如果将这间屋子里的空气运送到月球上，气体分子会很快摆脱月球引力作用而迅速地扩散到空间。因此，只有当行星的体积超过某个临界值，它才可能有大气层和生化过程。然而有生命存在的行星也不能过大。原子与分子键将原子、分子连接起来，大量的原子、分子通过复杂的组合构成了生物体。但是这些键在过大的压力或过高的温度下就会破

* 选自《艺术与宇宙》，舒运祥译，上海科学技术出版社2001年版。

裂。一旦出现这种情况，物质的性质就会改变，而且常常是不可逆转的。煎蛋的过程中，当温度太高时，我们就能看到蛋清中的蛋白质分子会发生什么样的变化。蛋清突然失去了液体的流动性，蛋清随着蛋白质的固化而变硬。当出现这种物态变化时，我们就说蛋“煮熟”了。“煮熟”只是达到了分子键产生变化的温度——或者照化学家们的说法达到了“变性”的温度（我家其他人向我保证，实际上的变化比这还大）。同样，以强力进行压挤或拉伸，脆弱的分子键也会破裂。原子键通过网格结构将原子和分子连结起来，大量的原子和分子构成了生物体，这样的生物体的生存是相当脆弱的。把它们放到过热的地方，它们复杂的分子键就会“烧熟”而动弹不得。把它们放到一个庞大的行星上，行星表面过大的引力就会将其压扁。

“煮熟”只是达到了分子键产生变化的温度——或者照化学家们的说法达到了“变性”的温度。

由此可见，适宜于生物生存的行星既不能太大，也不能太小，只有介于中间的天体，如地球这般，才能使天体有大气层，其地表又有适宜的条件使得复杂的分子结构有可能存在。即使在地球上，引力也对生物和无生物的情况起着非常重要的限制作用。分子必须由原子键连接起来是造成地球上的山脉高度不能超过珠穆朗玛峰的原因。山越高也就越重，山的基部承受的压力也越大。如果山太高的话，原子键就开始破裂，山就陷入地壳内，直至山底部的压力衰减到底部石头能固化为止。生物——树和鸟、陆栖动物和海生动物，它们的体积同样因自然力的作用而受到极

适宜于生物生存的行星既不能太大，也不能太小，只有介于中间的天体，如地球这般，才能使天体有大气层，其地表又有适宜的条件使得复杂的分子结构有可能存在。

大限制。一棵树长得太高的话，会因底部无法承受过大的压力而折断。实际上，正是这一敏感脆弱之处造成了树木被风吹断、形成了树高的极限。树木不能无限制地生长，因为随着树木的生长，它所具有的支撑力并不是与它的体积同步增长的。

由此我们开始看到自然力是如何通过一连串的作用造就了我们周围的生物世界的。以电磁为源的原子作用力和重力之间所产生的相对的力，几乎决定了带有大气层的行星的体积。在这类行星的地表，能够直立或无损地进行移动的物体的大小也同样有一个极限，超过该极限，原子键会因重力而遭破坏。生物体的体积有一定的极限，因为在它们的生长过程中，它们的体积与重量和它们的强度并非同步增长。如果我们观察一下大小不等的生物体，我们可以清楚地看到，其强度的增长无法跟上其重量与体积的增长。一只蚂蚁可以驮起比其自身重十倍的东西；一只小狗能轻而易举地背上另一只小狗；一个小孩可以并不费力地背起另一个小孩；但是一个成人要想背起另一个成人就要困难得多，而且没有一匹马强壮到能驮起另一匹马。你长得越大，你对骨骼所施加的压力也越大，骨骼为了承受这些张力就必须变得更为粗壮。可以用一个简单的例子生动地说明体积与强度之间的矛盾。一只小猫的尾巴可以像铁棒一般笔直竖起，因为小猫足以支撑一根小尾巴。但看看猫妈妈，它的长尾巴耷拉成一圈，因为它无力使尾巴竖直。

生物体的体积有一定的极限，因为在它们的生长过程中，它们的体积与重量和它们的强度并非同步增长。

一只蚂蚁可以驮起比其自身重十倍的东西；一只小狗能轻而易举地背上另一只小狗；一个小孩可以并不费力地背起另一个小孩；但是一个成人要想背起另一个成人就要困难得多，而且没有一匹马强壮到能驮起另一匹马。

决定物体强度的不是它的重量，也不是它的体积，而是贯穿该物体的截面。

决定物体强度的不是它的重量，也不是它的体积，而是贯穿该物体的截面。骨头断裂时，它是沿着骨头的一个面断开的。身体的质量取决于身体的总量，而它的抗破坏能力却取决于它受力区域的结构。我们在判断健美运动员的力量时，是形象地根据他的二头肌的横截面大小加以判断的。决定一根铁棒强度的是我们准备折断该棒时施力处的粗细，而不是它的总长度或总体积。然而，对于多数物体来说，物体的平均截面面积和它的总体积或总的质量之间有一种明了的关系。一个物体的面积与该物体平均边长的平方成正比，而它的体积（如果密度是均衡的话，那么它的质量）就是该边长的立方。如果我们得到的边长是所谈及的物体的直径的一个平均值，那么当该边长变大时，其强度将按边长平方增加，而重量则与体积成正比例地增加，也就是按边长的立方增加，这样，物体变得越大，它就越发无力支撑其重量。因此物体的大小总有个极限，超过这一极限，物体就支离破碎。

物体变得越大，它就越发无力支撑其重量。因此物体的大小总有个极限，超过这一极限，物体就支离破碎。

雷龙是最大的一种恐龙（古生物学家现在给它取了一个学名叫 Apatosaurus）。雷龙重 85 吨，其身体几乎达到了陆栖动物中的体积极限。要是它绊倒，或把大部分体重落在一个脚上，那么就很少有挽回过失的机会（相比之下，现今最大的陆上动物——非洲象体重就只有 7 吨）。庞大的恐龙在爬一个平缓的斜坡时也会非常费力，因为在它提起身体一个部分时，必须克服身体向下的重力。身体越重，向上爬的速度也越慢。恐龙依靠

雷龙

粗大的下肢来分散体重，以减轻身体对下部的压力，这样有助于身体的稳定性。然而如果恐龙跌倒的话，它的骨头仍然容易折断。成人绊倒时，他倒地的距离要比恐龙短得多，但有时还会摔断骨头。尽管孩子经常跌倒，由于他跌倒的距离更短，因此常常不会骨折（事实上小孩的骨头比成人软也不怎么脆，这一点也起了一定的作用）。成人和婴儿都绊倒时，成人倒地时的动能可能要比婴儿倒地时大 6 倍。假设成人是现在的 2 倍那么大，那么往高处走就非常危险——就如踩高跷走路那么危险。

利用浮力是解决强度无法与体积同步增长的一个方法。当我们把一件物体放入液体，如水中，物体就受到了一个向上的浮力，其大小与物体浸在液体中所替代的那份液体的重量相等。这样，物体底部的压力减轻了。最大的蓝鲸（130 吨）要比最大陆栖动物恐龙的体重，或其曾有过的体重

成人和婴儿都绊倒时，成人倒地时的动能可能要比婴儿倒地时大 6 倍。假设成人是现在的 2 倍那么大，那么往高处走就非常危险——就如踩高跷走路那么危险。

大上许多就绝非偶然。

如果物体很小，同样水也能将其托起。把一枚回形针放在平静的水面上，回形针能浮在水上。水和回形针之间的界面所产生的“表面张力”将针托起。如果你在水中加入清洁剂，于是这种张力减少，而回形针将沉入水中。像黾蝽这类非常小的昆虫可以利用表面张力将自己托起，只要它将肢体展开达几个平方毫米就行了。随着体积的增大，表面张力的扩大同样无法跟上重量的增加，因此，能用这种方法托起的物体的体积和重量也是有极限的。只有当物体很小的情况下，它才有效。人要想在水上走的话，他的腿必须张开并与水面接触达7公里之长。就像希莱尔·贝洛克(Hilaire Belloc)的水生甲虫：

人要想在水上走的话，他的腿必须张开并与水面接触达7公里之长。

水甲虫在这儿说教，
布道远非你能做到：
它在水面上滑行，
舒适、敏捷、轻盈，
让人类大吃一惊；
如若它停下思考，
又怎能在水上滑行，
它马上就掉进水中。

假如你想在空中飞翔，你同样要很小。你的翅膀必须产生足够的升力以抵消重力作用。你越大，托起你的重量所需的力也越大，这种力的增加远超出了你肌肉的承受能力。因而飞行动物的体格大小就有一个极限。蜂鸟是在静止的空气中能长时间翱翔的最大的鸟类；它们的体重在2~20克之间。实际上它们甚至能垂直地起飞。当然，有些鸟远比蜂鸟大。栖息树梢的最大的大鸨重约12千克，它们迎风展翅，直上云霄，还在高空中停留；就像有时你看到鹰在地面之上某一点盘旋，其实它并不在盘旋，而是迎风而飞——努力使它与地面处于一种相对静止的状态。其实，鹰并未强健得能在静止的空气中依靠翱翔来托起自身的重量。

这些例子揭示了地球上密度与重量之间永无休止的矛盾冲突。它是地球引力与源于电磁的分子引力之间相对立作用的结果。正是这同一对力，从根本上决定了适宜生物居住的，带有大气层的行星的大小，决定了行星表面的引力强度，以及由此引起的在星球表面生存的、复杂的生物体的大小。我们人类身体的大小不是一种偶然现象，它们的差异不大，是恒定不变的自然力强度作用的结果。然而我们身体的大小对于我们的发展、我们的文化，以及我们的能力的影响却是巨大而深远的。它使我们明白在控制自然资源方面人是怎么超越其他生物的。

我们人类身体的大小不是一种偶然现象，它们的差异不大，是恒定不变的自然力强度作用的结果。然而我们身体的大小对于我们的发展、我们的文化，以及我们的能力的影响却是巨大而深远的。

密度与大小之间的矛盾表现在一个简单的矛盾争斗之中，即体积与其表面积之间的矛盾。让我们看看滚雪球，雪球沾粘雪花变得越来越大。随着雪球半径的扩大，它的体积与表面积同样增大。但是它的体积是与半径的立方成正比，而表面积则仅以半径平方的比率增加，表面积无法与体积同步增长。随着物体大小的增加，表面积在与体积的矛盾斗争中处于劣势的情况，对生物体大小有着许多至关重要的限制。当你成长时身体的体积也随之增大，因此体内产生热量的器官在体积与能量输入方面也随之增加。然而你的散热能力却取决于有多少热量可以通过你暴露在外的表面积散发出去。小动物就其体积而言有相对较大的表面积，而大的动物所具有表面积相对较小。因此，在寒冷的气候中，小动物就处于不利的地位，它无法从所吃的食物中产生足够的热量以御寒。这就是为什么在寒冷的环境中小孩比成人更需紧紧地裹起来的原因。相反，在寒冷的环境中，大动物更有优势，因此在极地我们看到的是大动物北极熊，而不是小老鼠，而在赤道和极地之间普通大小的鸟类随之增加。最小的鼩鼱是在气温偶然降至动物体温以下几度，就热学角度而言生命仍无大碍的最小的一种动物。小动物抵御寒冷的办法是挤在一块儿取暖。它们模仿大动物的形状来分享体温，减少暴露在外的表面积。小动物还可以采取其他策略以减少热量散发，例如使皮毛长得更厚更密，甚至像我们所知道的那样，有些动物在需要时会披上其他动物的皮毛以获得一个隔热层。

小动物就其体积而言有相对较大的表面积，而大的动物所具有表面积相对较小。因此，在寒冷的气候中，小动物就处于不利的地位，它无法从所吃的食物中产生足够的热量以御寒。这就是为什么在寒冷的环境中小孩比成人更需紧紧地裹起来的原因。

材料燃烧的速度同样取决它的表面积，因为暴露在外的表面是消耗氧气以维持燃烧的地方所在。和大的物体相比，小物体的表面积就其体积而言相对较大；而且物体越不呈圆球形状，它暴露在外的表面也越大。这就是为什么大小只有几分之一厘米的木头刨花烧起来要比直径为10厘米的一根圆木要快得多。假如我们想用几张纸点把火，我们往往把纸揉皱，而不是把它们摊平，这样可以增加纸张暴露在外的面积。

我们逐步习惯地认为，以工程学的标准衡量，某些自然形成的结构可能是最好的结构。但是正如我们在最后一章中所强调的那样，如果认为对于环境提出的问题，自然所作出的解答是最佳的

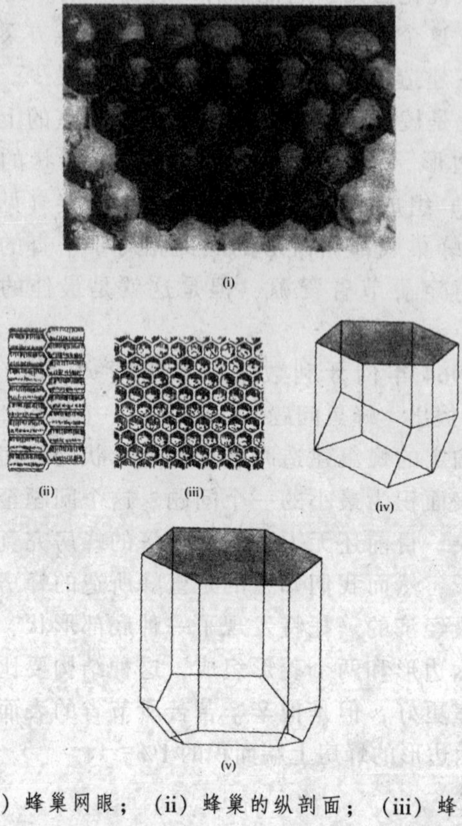

(i) 蜂巢网眼；(ii) 蜂巢的纵剖面；(iii) 蜂巢的横剖面；(iv) 单个蜂房巢室；(v) 弗杰斯·托特发现的巢室形状，它的用料比蜜蜂建造的巢室更为经济。

如果认为对于环境提出的问题，自然所作出的解答是最佳的解决方案，那就错了。也许根本无需是最佳方案，也许因为其他的限制，或纯粹因为运气欠佳，自然选择所提供的不同的解决方法中并不包含最佳答案。

解决方案，那就错了。也许根本无需是最佳方案，也许因为其他的限制，或纯粹因为运气欠佳，自然选择所提供的不同的解决方法中并不包含最佳答案。在这个问题上一个有趣的例子是蜜蜂建造的蜂巢。它涉及的是在给定某一体积的前提下，表面积最优化的问题。古代希腊人推测肯定有一个隐藏的最优化法则，它能解释对称的蜂巢。到了17世纪，这个问题被归结为寻找一个最佳方案，它使得在建造巢室网状结构时所用的蜡最少。蜂巢实际上是棱柱体巢室的网状结构，巢室的上端为正六边形，而其底部则由三个钻石形状的平面（菱形）组成，这三个面与六边形交接（见上页图）。蜂巢底部锯齿形的底面相对于平直的底面来说肯定更节省资源，但是这就是最佳的形状吗？

目前还无人发现最经济的蜂房究竟是什么样子，然而我们知道的是蜜蜂所造的蜂房可能不是最经济的。

1964年匈牙利数学家弗杰斯·托特（Fejes Tóth）提出“蜂巢问题”实际上是一个体积和宽度都已确定的蜂巢建造时该用什么形状的蜂房，才能使表面积为最小的一个问题。这个问题至今尚未解决。目前还无人发现最经济的蜂房究竟是什么样子，然而我们知道的是蜜蜂所造的蜂房可能不是最经济的。托特发现了一种底部形状，它由两个六边形和两个菱形组成，这种结构要比蜜蜂的蜂室更好，但是他辛辛苦苦所节省的表面积还不及六边形的蜂房上端面积的1%。

阅读提示

YUE DU TI SHI

生物体体积的大小有这么多道理可讲，你不觉得有意思吗？这又是一个例子，在我们习以为常的地方开辟一个新视野，平时以为不成问题的事情一下子问题成串，而且引出那么多知识。比如说，你想过我们人类为什么刚好是现在这般大小，而不是像大象那么大或老鼠那么小吗？请注意，要想最简略地解释这个问题，都不可能只运用一种学科的知识。

从生物学的角度向米老鼠致敬*

[美] 古尔德

最初的米奇是个桀骜不驯、甚至有虐待狂倾向的家伙。

米老鼠已经受人喜爱了50年①。为了纪念这一时刻，许多剧团重新演出了米老鼠第一次出演的节目《威利号轮船》（1928)。最初的米奇是个桀骜不驯、甚至有虐待狂倾向的家伙。有一个令人难忘的场景，米奇和明尼打算发明一种声响，它们得意而狂喜地击打、紧抱、转动船上的动物，让它们一起热烈地唱出“草堆里的火鸡”。米奇和明尼紧紧地抱着一只鸭子，使它喊叫不已，它们转动一只山羊的尾巴，拧一头猪的奶头，敲打母牛的牙当临时的木琴，并且用牛的乳房当风笛。

克里斯多弗·芬奇在一部有关迪斯尼作品的半正式插图本历史书中提到：“20年前电影上米老鼠的行为，并不像我们今天熟悉的那样安详和举止得当。它爱捣鬼，至少可以说，它有残忍的品性。”但是，米奇的行为不久便焕然一新，人们谈论和猜测的只是米奇和明尼之间尚未明确的关系，以及默蒂和弗迪的情况。芬奇继续写道：“米奇……几乎成了国家的象征，这样，它们的行为在

---

*选自《熊猫的拇指：自然史沉思录》，田洺译，三联书店1999年版。

① 这篇文章写于1978年。要用现在的时间算。米老鼠受人喜爱的历史已达75年了。——编者

任何时候都要像人们期待的那样得体。倘若它们的行为越轨，电影制片厂就会收到许多市民和组织的来信，这些人和组织认为他们有责任维护国家的道德健康……米奇最终成了正直的角色。”

随着米奇的个性变得温和，它的外貌也发生了变化。许多迪斯尼作品的影迷都意识到它的形态随着时间发生了变化，但是（我猜想），很少有人认识到在米奇的整个形体改变背后的协调性问题。事实上，我不清楚迪斯尼公司的艺术家们是否明确意识到他们在做什么，因为米老鼠外形的改变是以非常缓慢而逐步的方式进行的。简单地说，更加温良和讨人喜欢的米老鼠，在外表上也不断变得年轻。（由于米奇的实足年龄从不改变，许多卡通人物面对时间的考验都无动于衷，所以年龄恒定的外表变化，是一种真正的进化变化。持续的年轻化是一种进化现象，叫做幼态持续。详见后文）。

简单地说，更加温良和讨人喜欢的米老鼠，在外表上也不断变得年轻。

持续的年轻化是一种进化现象，叫做幼态持续。

许多生物学家都研究过人类生长中形态的典型变化。在子宫中，胚胎的头端比脚端先分化，而且生长速度比脚端快（按专业术语说，叫做前后梯度）。一个新生儿的头比较大，身材中等，腿和脚比较小。随着生长，这种梯度发生倒转，腿和脚的生长速度超过了头端。头仍然继续生长，但是生长的速度比身体的其他部分要慢得多，结果，头相对变小。

另外，在人类的生长中，头本身发生了许多变化。三岁之后，脑的生长减缓，婴儿的圆形颅变成了成年人的倾斜、低眉骨形状。眼睛也几乎与成年人相比，小孩的头和眼都比较大，颌比较小，颅向前凸，腿比较小，短且粗，脚小且宽。我很抱歉地要指出，成年人的头像猿的头。

不再增长，眼的相对大小骤然降低。颌却变得越来越大。与成年人相比，小孩的头和眼都比较大，颌比较小，颅向前凸，腿比较小，短且粗，脚小且宽。我很抱歉地要指出，成年人的头像猿的头。

然而，在过去的50年，米奇却走了一条反向的个体发育途径。与50年前在《威利号轮船》中的老鼠形状相比，米奇的外表更像小孩了，成了动画王国中惹人喜爱并且温良的主角。到了1940年，从前拧猪奶头的家伙，出人意料地变成了顺从的东西（例如在《幻想曲》和《魔法师的弟子》中）。到了1953年，在它最后的卡通片中，米奇在钓鱼时，甚至不去制服一个无足轻重的蛤。

迪斯尼的艺术家们聪明地使米奇的外表静悄悄地发生了改变，他们含蓄地从不同的途径模仿自然本身的变化。

迪斯尼的艺术家们聪明地使米奇的外表静悄悄地发生了改变，他们含蓄地从不同的途径模仿自然本身的变化。为了使米奇有儿童似的短而粗的腿，艺术家们放低了米奇的裤子，并用宽松的外装罩住了米奇纤细的腿。（实际上，米奇的胳膊和腿变粗——有了关节，显得不僵硬。）米奇的头相对变大，特征更年轻了。米奇鼻子的长度并没有改变，但是声音变粗则意味着鼻子不再那么突出。米奇的眼睛按两种方式发展，首先，米奇当初的整个眼睛后来变成了瞳仁，从而显得大了；这是一种非连续性的进化转变。其次，眼睛向后移了。

米奇颅凸的改变途径很有意思，因为米奇的整个进化一直局限在某些形态不变的范围内，即头是圆的，上面有两个显眼的耳朵和一个长鼻子。这种圆形不改变，米奇便不可能有凸出的颅骨。

不过变化的只是米奇的耳朵向后移了，鼻子和耳朵之间的距离加大，脸部比较浑圆，不太倾斜。

米奇50年的进化（从左至右）。随着米奇的行为变得愈加可爱，它的外形也变得愈加年轻。通过对它发展的三个阶段的测量表明，它具有相对大的头、大的眼睛和大的颅——这些都是幼年的特征。

（版权所有：沃尔特·迪斯尼公司）

为了将这些观察进行科学的定量分析，我使用了我的最好的一副刻度卡尺，划分出米奇系统发育的三个阶段。30年代早期的特征是尖鼻子，耳朵朝前（第一阶段），后来的“水手杰克与豆茎”时的特征（1947年，第二阶段），以及现代的米老鼠（第三阶段）。我测量了米奇逐渐表现出来的三个幼体特征：眼睛的大小在头长（鼻子的根部到后耳顶端）中所占的比例增加（达到最高点）；头的长度在身长中所占的比例增加；经过前耳后置，颅顶增大（从由鼻根到后耳顶端，增大为由鼻根到前耳顶端）。

这些比例都稳定地增加，眼睛的大小在头长中的比例从27%增加到42%，头的大小在身长中的比例从42.7%增加到48.1%，鼻子到前耳距离占鼻子到后耳距离的比例从 71.7%增加到异常大的 95.6%。为了进行比较，我测量了米奇年轻的“侄子”默蒂。无论从哪一种情况看，米奇虽然保持了头的长度，但显然都在向更年轻的阶段进化。

米老鼠的进化

这时你肯定要问，只有毫无名气的科学家才会去研究卡通片中的米老鼠。部分原因可能是由于无聊，而且还是个米老鼠迷（我依然喜欢《皮诺曹》和《公民凯恩》）。不过我是要提出两个严肃的观点。我们首先必须要问，为什么迪斯尼公司如此逐步而一致地按相同的方向改变它最有名的角色呢？国家象征的更改并不显著，而且从事市场研究（尤其对于玩具业）的人已经投入了大量的时间和努力去了解什么样的特征惹人喜爱、友善、更吸引人。生物学家同样花费了大量的时间研究许多动物中存在的类似问题。

康拉德·洛伦兹在一篇很有名的文章中提出，人类利用婴儿和成人之间形态上的典型差异作为重要的行为线索。他相信，幼年的特征可以焕发成年人的慈爱和养育之心的“固有机制的释放”。

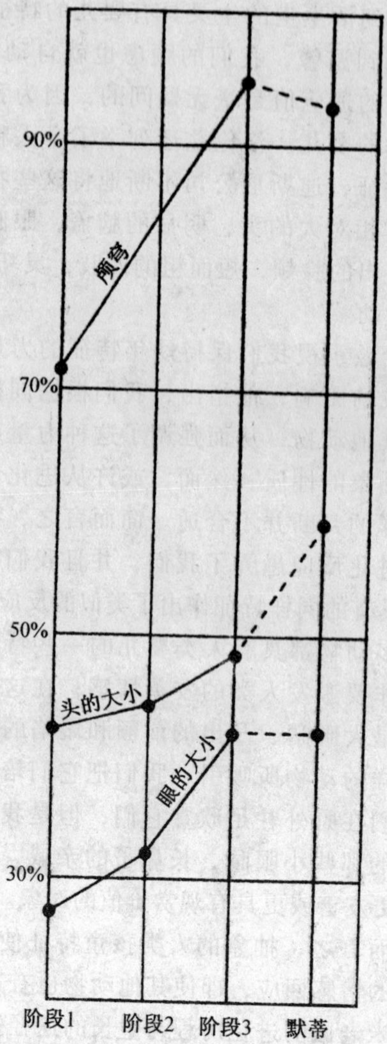

在米奇进化的早期阶段，它的头、颅穹、眼都不大。它向着它年幼的“侄子”默蒂的性状方向进化（通过虚线与米奇相连）。

幼年的特征可以焕发成年人的慈爱和养育之心的“固有机制的释放”。当我们看到活生生的生灵具有婴儿的特征时，我们就会感到温馨，我们的顾虑也就自动消失了。

当我们看到活生生的生灵具有婴儿的特征时，我们就会感到温馨，我们的顾虑也就自动消失了。这种反应的适应值是毫无疑问的，因为我们必须养育我们的婴儿。洛伦兹还列举了令人释然的明显婴儿特征，迪斯尼公司不断地将这些特征赋予米奇：“相对大的头，明显的脑盖，眼睛大且位置低，突出的脸颊，短而粗的四肢，灵巧的呆板，笨拙的运动。”

洛伦兹重视我们保持幼年特征的力量和这种力量造成的影响，他指出，我们根据同样的标准来说明其他动物，从而强调了这种力量产生的影响具有抽象的性质；然而，或许从进化论的角度看，这样的判断并不合适。简而言之，我们对于婴儿的进化反应愚弄了我们，并且我们对于其他动物所具有的同样特征作出了类似的反应。

许多动物都具有人类婴儿的一些特征，不过原因并非要激发人类的友善情感。

我们被这样的动物所吸引，我们把它们培养成为宠物。

许多动物都具有人类婴儿的一些特征，不过原因并非要激发人类的友善情感；在这些特征中突出的是大眼睛、凸出的前额和塌陷的下巴。我们被这样的动物所吸引，我们把它们培养成为宠物，我们在野外驻足欣赏它们，但是我们却拒绝了它们的那些小眼睛、长鼻子的亲戚，它们也可能成为更友善或更具有观赏价值的对象。

总而言之，抽象的人类孩童特征使我们生发出强烈的情感回应，即使其他动物也有这些特征。我认为米老鼠的进化历程与生长的途径正好相反，反映出迪斯尼的艺术家们无意识地发现了这个生物学原理。事实上，绝大多数迪斯尼公司创造的形象，它们的情感状态都建立在一些共同的特征

人类喜欢有幼体特征的动物：大眼睛，前额突出，脸颊较小。（左图）。而小眼睛、长鼻子的动物（右图）却不受人的待见。印自《动物和人的行为研究》第2卷，唐拉德·洛伦兹，1971年。梅图恩公司出版。

上。由此可见，童话界掌握了生物学上的幻觉，即我们的抽象能力和倾向性，使我们把对生长中的婴儿作出的适宜反应不恰当地转移到其他动物身上。

唐老鸭也随着时间的推移表现出更多的幼体特征。它狭长的嘴缩短了，眼睛变大了；就像米奇追求默蒂一样，唐老鸭向休易、路易和杜威套近乎。但是唐老鸭已经继承了当初米奇胡闹的衣钵，在形态上保留了更多的成体特征，例如，有

唐老鸭也随着时间的推移表现出更多的幼体特征。

突出的嘴和比较斜的前额。

名声不佳的花花公子莫蒂默（正在夺米奇所爱），比米奇有更明显的成体特征。它的头在身体中所占的比例很小，鼻子占头长的80%。

米奇永葆青春的途径是我们人类进化故事的缩影。人类是幼态持续的生灵。

我从生物学的角度对于米奇在形态上经历的漫长历程所要做的第二个认真的评论是，米奇永葆青春的途径是我们人类进化故事的缩影。人类是幼态持续的生灵。我们人类是通过在成体中保留了祖先的幼体特征进化的。我们的祖先南方古猿的成体，就像《威利号轮船》中的米奇一样，颌向前突出，颅顶低。

我们胚胎中的颅骨与黑猩猩胚胎的颅骨差不多。而且我们人类和黑猩猩生长中的形态改变途径差不多：由于出生后脑的生长比身体的生长慢，所以颅顶相对降低，而颌却继续相对地增长。但是，黑猩猩的这些变化更明显，使得黑猩猩的成体和幼体的形态有很大的区别，而我们人类的同样途径则很缓慢，成体和幼体的区别也不太大。所以，我们在成体中保留了幼体的特征。我们的婴儿和成年人之间确实有明显的差异，但是我们经历的变化要比黑猩猩及其他灵长类小得多。

我们明显降下来的发育速度导致了我们幼态的持续。在哺乳动物中，灵长类的发育速度是慢的。但是我们的发育速度慢到其他哺乳动物无法比拟的地步。我们的孕期很长，婴儿期延迟，在哺乳动物中，我们的寿命最长。持续年轻的形态特征使我们获益匪浅。我们的大脑增大，至少部分原因是由于我们出生前脑的快速生长延续到以后的岁月。（所有的哺乳动物都是脑在子宫中生长很快，不过，出生后的生长都很慢。而我们人类已经将这种胚胎中的快速生长延续到出生后的生命中。）

但是，定时发育本身的变化一直很重要。我们是出色的习得动物，我们儿童期的延长有助于通过教育来传播文化。许多动物的幼体也都表现出易变性，并且像人类的幼儿一样爱玩耍，但是，动物一到成体之后便在行为模式上变得循规蹈矩。洛伦兹在我上面提到的同一篇文章中写道："真正的人类特征是一直保持着发育状态，这一富有活力的特征是人类幼态持续的本性赐予的一个礼物。"

简而言之，我们像米奇一样，虽然会长大，但是保持着年轻。米奇，祝你下一个50年交好运。我们可以像你一样的年轻，不过要比你智慧。

黑猩猩的成体和幼体的形态有很大的区别，而我们人类的同样途径则很缓慢，成体和幼体的区别也不太大。所以，我们在成体中保留了幼体的特征。

我们儿童期的延长有助于通过教育来传播文化。

真正的人类特征是一直保持着发育状态，这一富有活力的特征是人类幼态持续的本性赐予的一个礼物。

迪斯尼的角度中不仅卡通恶棍具有夸大的成体特征。古菲像莫蒂默一样，相对于身体来说，头比较小，有一个前突的鼻子。

阅读提示 YUE DU TI SHI

米老鼠“越长越年幼”，这的确是一个有趣的事实。但画家们也许不是有意识的，地质学家古尔德却注意到了，并且发现了它的生物学意义。这就叫别具慧眼！看事情多一种角度，就有可能多一层发现，而角度往往依托于知识。你也可以倒过来想，地质学家古尔德不过是借米老鼠告诉我们两条生物学的知识。这样学来的知识比较活，你可以试着用它们去解释一些过去不太多想的现象。比如，为什么有许多宠物狗很像小孩？（记住：所有宠物狗都是人工培育的品种！）又比如，为什么有些人能够童心不泯，像个老顽童？

五 数的趣谈

金字塔的数学问题*

郭凯声 等

古埃及的金字塔属于所有考古学之谜中最令人感到神秘莫测的问题之列。最大的金字塔——胡夫大金字塔——是埃及国王胡夫在公元前2500年左右建造的，至今仍基本上完好无损。

它最初的高度将近147米（482英尺），重量超过70亿公斤（770万吨）。这座金字塔是用巨大的石块建造的，石块从采石场上开采出来，修整成相当整齐的形状并运到建筑工地上，然后以令人瞠目的精确度一块块地堆叠起来。

埃及人是怎样建起这样庞大的建筑物的呢？为什么要修建金字塔？历史学家和考古学家对这些问题的了解并不是很有把握。许多金字塔是用作国王的坟墓，而关于金字塔的建造则有各种各样的说法。由于一位业余的古埃及研究者Stuart Kirkland Wier的某些探测性数学研究成果，现在历史学家能够较有把握地估计建造金字塔的民工队伍的规模。

在大金字塔建成后约2000年，希腊历史学家希罗多德①报道说，建造这座大金字塔动用了10

在大金字塔建成后约2000千年，希腊历史学家希罗多德报道说，建造这座大金字塔动用了10万名民工。

* 选自《数学游戏》，科学技术文献出版社1999年版。

① 古希腊历史学家，所著《历史》一书至今被引为历史学的经典。

现在看来，他似乎把民工人数高估了整整一个数量级。

万名民工。然而，希罗多德的说法并不是关于古代埃及情况的可信资料。现在看来，他似乎把民工人数高估了整整一个数量级。据 Wier 说，真正的人数少得出人意料：只有大约 1 万人。Wier 并不知道金字塔是如何建造的，那么他是怎样得出这个数字的呢？他首先估计出修建金字塔所需的工作量，然后对埃及人如何安排工程进度作出若干假定。

Wier 把金字塔的势能除以金字塔建造的时间（天数），就得出了每天提升石块所需的工作量。古埃及的民工唯一可用的动力源就是人的肌肉。把需要做的工作量除以埃及民工平均的能量输出，Wier 就确定了完成提升工作所需的民工人数

Wier 的计算是针对胡夫金字塔的，但这同一方法也适用于其他金字塔。第一步是要计算出一座金字塔蕴含了多少“能量”。在这种场合中，所谓能量指的是势能，即把给定质量提升到一定高度需要做的功。Wier 把金字塔的势能除以金字塔建造的时间（天数），就得出了每天提升石块所需的工作量。古埃及的民工唯一可用的动力源就是人的肌肉。把需要做的工作量除以埃及民工平均的能量输出，Wier 就确定了完成提升工作所需的民工人数（见图 1）。

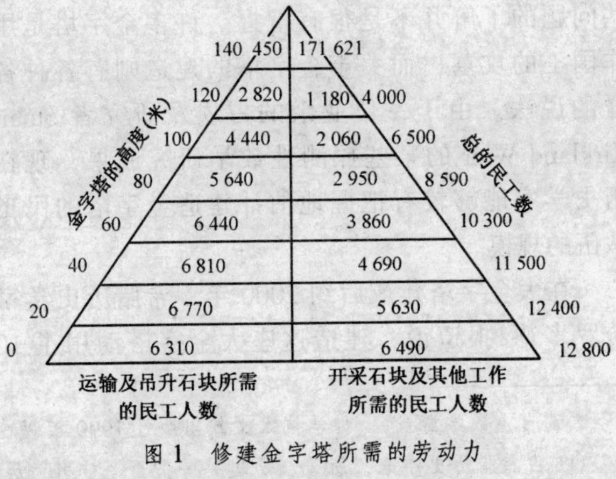

图 1 修建金字塔所需的劳动力

金字塔

最大的一个不确定因素是时间。建造胡夫金字塔用了多少时间呢？胡夫在位的时间为23年。他的金字塔的建造工程大概不会在他登基以前就开始，但有可能在他去世前不久完工，也有可能在他去世前很多年完工。Wier假定，建造胡夫金字塔所用的时间为23年——正好跟他在位的时间一样长。如果金字塔的施工是一年到头不间断地进行，那么这就相当于8400天，实际的建造时间可能只有上述假定值的一半；由于存在这种根本的不确定因素，我们只能对民工数目作一个大略的估计。

胡夫金字塔在刚建成时有146.7米高，其正方形底座的边长为230.4米。高为h，底边长为S的一座金字塔的体积为$S^2 \times h/3$。对于胡夫大金字塔，根据这一公式可以算出它的体积为260万立方米。建造金字塔的材料是石灰石，其密度（d）为每立方米2700公斤，因此该金字塔的质量达70亿公斤。金字塔的势能为 $h^2 \times d \times S^2 \times g/12$，其中 g 代表重力加速度（每秒9.81米）。对于大金字塔，其势能为2.52万亿焦耳（焦耳是标准能量单位）。

民工每天所做的有用功平均为24万焦耳。假定效率为百分之百，那么在8400天内把所有石块安放到位将需要1250名民工。这一估计量显然偏低。考虑到人力效率的低下，Wier把这一估计值乘以一个1.5的因数。他同时也考虑了把石块从胡夫石场的底部提升到金字塔工地所需的工作量(这一高度已知为19米)。

当然，金字塔并不只是一堆没有任何结构的石头。金字塔内有通道和墓室，其中有些本身就是了不起的工程杰作。但是金字塔工程主要是把石块堆叠起来，因此我们可以忽略结构细节。金字塔是从底到顶一层层建造起来的。肯定只有在下面一层石块已经安放好后，才能继续增加石块构成新的一层。没有人知道石块是如何提升上去的，有些专家认为，埃及人是沿着沙堆成的巨大坡道把石块运上去的。其他专家则说民工们使用了巧妙的杠杆装置。

为了计算出拖运石头所需的民工数，Wier估计出装了石块的木橇与地面的摩擦力，然后确定了克服摩擦力所需做的功。

为了把石块从采石场运到建筑工地，民工们把石块放在木橇上拖运（古埃及的雕刻显示了民工拖石头的情景）。胡夫采石场距金字塔的底部有几百米远。为了计算出拖运石头所需的民工数，Wier估计出装了石块的木橇与地面的摩擦力，然后确定了克服摩擦力所需做的功。其他一些工作也需要有人去做：开采石块，把石块修整成形以及把石块在金字塔中安装好等等。Wier假定，所有这些工作所需要的劳动力最多为每立方米石块每天 14 位民工。

这些计算得出了胡夫金字塔工程民工的平均数目。但是负责修金字塔的人是否始终都使用一样多的民工？还是在工程需要时征用更多的民工，而在不需要他们时又把他们打发走？有关资料没有记载这方面的情况，但可以推想存在几种可能性。

把大金字塔的体积除以建造它所需的时间，就可以知道平均每天必须把 310 立方米的石块安装好。然而，随着金字塔不断升高，石块提升的高度也越来越高，因此提升石块的工作量也越来越大。而随着金字塔的升高，民工们可以活动的工作场所——即未完工的金字塔的顶部面积——则越来越小。考虑到这些因素，始终保持每天 310 立方米的施工进度是不切实际的，就很清楚了。当金字塔较低时，施工进度应当比较快，并随着金字塔高度的增加而逐步下降。

Wier 考虑了 3 种可能的施工方案（见图 2）。方案 A 要求民工们在第 8110 天以前以每天 315 立方米的不变进度安放石块。到第 8110 天时，由于金字塔顶部的地方已经不大，施工进度将急剧下降。施工方案 B 要求施工进度开始时为每天 462 立方米，此后逐步下降，到第 8000 天后下降得更快。而方案 C 则要求施工进度开始时为每天 500 立方米，但在第 2000 天后开始迅速下降，而在第 7000 天后再逐渐下降到零，所有这 3 个方案都使得金字塔在 8400 天中完工，但是随着工程的进展它们需要的民工人数是不同的。

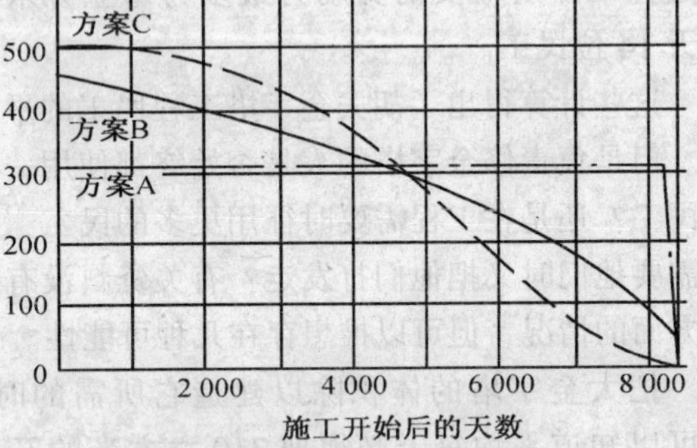

图 2　按照 3 种可能的施工方案，大金字塔都在 8400 天内建成。

图 2 的右下部分表示根据方案 B，在金字塔施工的每一阶段所需要的民工人数。施工开始时约有一半的民工在从事运送和提升石块的工作，另一半民工则在开采和安放石块以及从事其他各种工作。不过，到工程快要结束时，有 3/4 的民工在运送石块。在施工的任何阶段上，民工的人数都不超过 12800 人——约为当时埃及估计人口总数的 1%。方案 A 和方案 C 也得到类似的结果。

或许最简单的方案是使民工队伍始终保持恒定的规模，除非在工程即将结束的时候，此时金字塔的顶端大概只能容纳几个人了。按照这一方案，只需 10600 名民工便足以建造胡夫的大金字塔。建造吉萨和达苏尔的其他那些大金字塔所需的民工人数就更少了。尽管这些陵墓的规模非常宏大，但古埃及还是有足够的民工——可以说绰绰有余——来建造它们。

或许最简单的方案是使民工队伍始终保持恒定的规模，除非在工程即将结束的时候，此时金字塔的顶端大概只能容纳几个人了。按照这一方案，只需 10600 名民工便足以建造胡夫的大金字塔。

阅读提示

YUE DU TI SHI

埃及金字塔是世界建筑史上的奇迹。现代人都在感叹：在古代那种没有大吊车，全凭人力的情况下，金字塔怎么可能建起来呢？这要多少人才行呀？大家都在感叹，却没有人去算过。希罗多德大概也是凭印象估计的吧？其实，我们的印象经常会出错。所以还是算一算比较好。而且，有时候算法也很简单（从数学上说）。比如，建金字塔的人工问题，在数字上是需首先算出建一座金字塔需要多少能量，然后再计算在多少时间内用多少人工，才能提供这么多能量就行了。多简洁的思维呀！这就是数学！读了这篇文章，你可以试着找一个题目来算一算，看看和你的印象有多大差距。比如说：一个人一生能读多少本书？

大数和小数*

[以色列] 马奥尔

> 我将使你的子孙成倍增加，多得像天空中的星星和海滩的沙粒那样。
>
> ——《创世纪》22:17

如果我们当初使用的是其他单位——比如宇宙的已知半径或者宇宙创始以来的时间——那么基本常数一定会有截然不同的数值。

外行——尤其是孩子们——总是被大数所吸引。然而，对于数学家来说，大数并没有特殊的意义；事实上，两个最重要的常数 π 和 e 都有很“普通”的值（分别约为 3.14 和 2.72）。物理学的基本常数总具有非常大或非常小的值（例如，光的速度为 3×10^8 米/秒，电子的质量是 9.1×10^{-31} 千克，而普朗克常数为 6.6×10^{-34} 焦耳·秒）。但是之所以这样，正是因为这些常数都是以我们使用的普通计量单位表示的，而普通的计量单位又是从地球的尺度推导出的。例如，一厘米是地球赤道长度的四十亿分之一，一克是一立方厘米的水在零度时的质量，一秒是一个太阳日长度的 86 400 分之一。如果我们当初使用的是其他单位——比如宇宙的已知半径或者宇宙创始以来的时间——那么基本常数一定会有截然不同的数值。

*选自《无穷之旅：关于无穷大的文化史》，王前译，上海教育出版社 2000 年版。

为了便于书写非常大或非常小的数，科学家使用了所谓的“科学记数法”，这种方法使用了10的乘方。例如1 000 000（一百万）写作10^6，1 000 000 000（十亿）写作10^9等等。非常小的数用负指数书写；0.000 001（一百万分之一）写作10^{-6}，0.000 000 001（十亿分之一）写作10^{-9}，等等。123 000写作1.23×10^5，而0.00 123写作1.23×10^{-3}。

非常大的数常常出现在涉及组合和排列的问题中，例如有$1\times2\times3=6$种不同方法，把三个物体排成一列（ABC，BCA，CAB，ACB，BAC和CBA）。对于四个物体，有$1\times2\times3\times4=24$种不同的方法；而且一般来讲，对于$n$个物体，有$1\times2\times3\times\cdots\times n$种不同的方法。这个数叫“$n$的阶乘”，写作$n!$。它随着$n$的增加而迅速增长，如表1所示。在著名的魔方中，排列它的六个面的不同方法共有43 252 003 274 489 856 000种，或者说约为4×10^{19}种，这个数字要远远大于一些魔方制造商吹嘘的“30亿种组合”！

古人以一种神秘的方式尊重大数，因为对他们来说大数象征着权力与多产。所以上帝为亚伯拉姆赐福：“现在往天上看，数一数星星的数量，如果你能够数得过来……你的后代就会有那么多。”（《创世纪》15:5）。然后他继续说道：“你的名字别再叫亚伯拉姆（Abram）了，你的名字应该叫亚伯拉罕（Abraham）；因为我要使你成为很多国家的创始人。”（《创世纪》17:5，这个“h”来自希伯来语表示众多的单词ha'mon。）具有讽刺

古人以一种神秘的方式尊重大数，因为对他们来说大数象征着权力与多产。

表1 n的阶乘的值

n	$n!$
0	1(由定义)
1	1
2	2
3	6
4	24
5	120
6	720
7	5040
8	40 320
9	362 880
10	3 628 800
11	39 916 800
12	479 001 600
13	6 227 020 800
14	87 178 291 200
15	1 307 674 368 000
16	20 922 789 888 000
17	355 687 428 096 000
18	6 402 373 705 728 000
19	121 645 100 408 832 000
20	2 432 902 008 176 640 000
21	51 090 942 171 709 440 000
22	1 124 000 727 777 607 680 000
23	25 852 016 738 892 566 840 000
24	620 448 401 733 421 599 360 000
25	15 511 210 043 335 539 984 000 000
26	403 291 461 126 724 039 584 000 000
27	10 888 869 450 421 549 068 768 000 000
28	304 888 344 611 803 373 925 504 000 000
29	8 841 761 993 742 297 843 839 616 000 000
30	265 252 859 812 268 935 315 188 480 000 000
40	8.15915×10^{47}(近似地)
50	3.04141×10^{64}(近似地)
60	8.32099×10^{81}(近似地)
70	1.19786×10^{100}(近似地)
80	7.15695×10^{118}(近似地)
90	1.48572×10^{138}(近似地)
100	9.33262×10^{157}(近似地)

意味的是，夜空中的星星不是像人们想像的那样数不过来。在理想的条件下，无论从地球上的任何一个给定点，也无论在什么给定的时间，人的肉眼能够看到的星星仅有 2 800 颗。海滩上的沙粒更适合于象征众多。然而阿基米德在他的《数沙者》一文中证明，甚至是如此之大的数目也是可以数过来的：

在理想的条件下，无论从地球上的任何一个给定点，也无论在什么给定的时间，人的肉眼能够看到的星星仅有 2 800 颗。

Gelon 王，很多人确信沙粒是无数的。另一些人认为，尽管沙粒的数目不是无限的，但是人们无法指出一个比沙粒数目更大的数。但是我试图向您证明，在我已经说出的数字中，有一些数的大小超过了比地球，甚至比宇宙还大的一堆沙子的沙粒数目。

在十进制术语之外的一个具有独立名称的最大数是佛教的 asankhyeya，等于 10^{140}。西方世界里能够说出的最大数是古戈尔（Googol），或 10^{100}，这个名字是由美国数学家爱德华·卡斯纳——说得更确切些是由他九岁的侄子——给起的。卡斯纳曾要他为一个非常大的数发明一个名字。10 的古戈尔次方是一个古戈尔普勒克斯（Googolplex）：1 后面跟古戈尔个零。这种庞大的数纯粹是智力上的创造，而且如果在某个地方使用过的话，那也十分稀少，比方说，整个宇宙中的总原子数据估计“仅有” 10^{85} 个——比一个古戈尔要小得多。

整个宇宙中的总原子数据估计“仅有” 10^{85} 个。

尽管这些数很大，但它们与无穷大并无关系。事实上，无穷大距古戈尔与距 1 一样遥远。如果一个变量能变得大于任何有限数，那么无论它有多大，只能说它接近于无穷大。由此可见，无穷无穷大根本不是一个数，而是一个概念。

大根本不是一个数，而是一个概念。

阅读提示 YUE DU TI SHI

“天上的星星数不清”，可科学家们数过了，肉眼看得见的星星只有 2 800 颗！——“多乎哉？不多也！”这个事实又一次证明了，我们的“印象”有时候很不准确。试着想一下，除了天上的星星和海边的沙粒以外，还有什么东西可以象征众多？对了，“多如牛毛”！不过，一头牛的毛还是数量有限，要不然怎么在形容微不足道时会有“九牛一毛”的说法呢？再想一下，在我们中国还习惯用哪些东西象征众多？可以试着从成语或者诗歌入手来想。

吃了大数的亏*

[美] 伽莫夫

有一个人曾经在大数目字上吃了亏，那就是印度的舍罕王（Shirham）。根据古老的传说，舍罕王打算重赏象棋①的发明人和进贡者，宰相西萨·班·达依尔（Sissa Ben Dahir）。这位聪明大臣的胃口看来并不大，他跪在国王面前说："陛下，请

机敏的数学家西萨·班·达依尔宰相
正在向印度的舍罕王请求赏赐

---

*选自《从一到无穷大：科学中的事实和臆测》，暴永宁译，科学出版社2002年版。

① 这里的象棋指的是国际象棋。整个棋盘是由64个小方格组成的正方形。双方的棋子（每方16个，包括王一枚，王后一枚、相两枚、马两枚、车两枚、兵八枚）在格内移动，以消灭对方的王为胜。——译者

您在这张棋盘的第一个小格内，赏给我一粒麦子；在第二个小格内给两粒，第三格内给四粒，照这样下去，每一小格内都比前一小格加一倍。陛下啊，把这样摆满棋盘上所有64格的麦粒，都赏给您的仆人罢！”

“爱卿，你所求的并不多啊。”国王说道，心里为自己对这样一件奇妙的发明所许下的慷慨赏诺不致破费太多而暗喜。“你当然会如愿以偿的。”说着，他令人把一袋麦子拿到宝座前。

计数麦粒的工作开始了。第一格内放一粒，第二格内放两粒，第三格内放四粒……还没到第二十格，袋子已经空了。一袋又一袋的麦子被扛到国王面前来。但是，麦粒数一格接一格地增长得那样迅速，很快就可以看出，即便拿来全印度的粮食，国王也兑现不了他对西萨·班·达依尔许下的诺言了，因为这需要有18 446 744 073 709 551 615颗麦粒①呀！

这个数字不像宇宙间的原子总数那样大，不

---

① 这位聪明的宰相所要求的麦子粒数可写为

$1+2+2^2+2^3+2^4+\cdots\cdots+2^{62}+2^{63}$。

在数学上，这类每一个数都是前一个数的固定倍数的数列叫作几何级数（在我们这个例子里，这个倍数为2）。可以证明，这种级数所有各项之和，等于固定倍数（在本例中为2）的项数次方幂（在本例中为64）减去第一项（此例中为1）所得到的差除以固定倍数与1之差。这就是

$$\frac{2^{64}-1}{2-1}=2^{64}-1$$

直接写出结果来就是

18 446 744 073 709 551 615。

过也已经够可观了。1 蒲式耳[①]小麦约有 5 000 000 颗，照这个数，那就得给西萨·班·达依尔拿来 4 万亿蒲式耳才行。这位宰相所要求的，竟是全世界在 2000 年内所生产的全部小麦！

这位宰相所要求的，竟是全世界在 2000 年内所生产的全部小麦！

阅读提示

YUE DU TI SHI

哈哈！好厉害的“几何级数”！一个学过数学的人就不会犯舍罕王犯的错误。注意读正文的那个注释，记住那个算式，这才叫作不算不知道，一算吓一跳哩！

① 蒲式耳是欧美的容量单位（计算谷物专用）。1 蒲式耳约合 35.2 升。——译者

大自然在乎*

[美] 钱德拉塞卡

爱丁顿[1]很早就显示出对大数的迷恋：他学会了 24×24 乘法表；有一次开始数《圣经》有多少字。爱丁顿从未失去对大数的兴趣。在以后的生活里，写到天体大小和距离时他常喜欢明确地带上所有的零。比如，1926 年爱丁顿在牛津给英国学术协会做晚会演讲时是这样开头的：

> 恒星具有相当稳定的质量，太阳的质量为——我把它写在黑板上：
>
> 2000 000 000 000 000 000 000 000 000 吨。
>
> 但愿没写错数字零的个数，我知道你们不会介意多或者少一两个零，可大自然在乎。

1935 年爱丁顿的兴趣已转向天体宇宙，他是这样介绍这门学科的：

	英里
太阳的距离	93 000 000

---

*选自《莎士比亚、牛顿和贝多芬：不同的创造模式》，杨建邺、王晓明译，湖南科学技术出版社 1996 年版。

① 爱丁顿（1882—1944），英国人，世界最杰出的天体物理学家之一。

太阳系范围（冥王星轨道）	3600 000 000
最近恒星的距离	25 000 000 000 000
最近星系的距离	6 000 000 000 000 000 000
宇宙的原始圆周长	40 000 000 000 000 000 000 000

谈到大数，最著名的当然要数他1939年出版的《物理科学的哲学》第11章开头一句：

> 我相信宇宙中有15 747 724 136 275 002 577 605 653 961 181 555 468 044 717 914 527 116 709 366 231 425 076 185 631 031 296个质子和相同数目的电子。

这个数为136×2^{256}，后来人们称它为爱丁顿数。罗素问过爱丁顿，是他自己算出这个值还是让别人算出来的。爱丁顿说是在一次跨越大西洋的旅途中自己动手算出的。

这个数为136×2^{256}，后来人们称它为爱丁顿数。爱丁顿说是在一次跨越大西洋的旅途中自己动手算出的。

阅读提示 YUE DU TI SHI

作者钱德拉塞卡系诺贝尔物理学奖得主。

“大自然在乎”，说得多好啊！“大数”是一个数，而不是一个表示众多的概念，记住了！爱丁顿是一位伟大的科学家，他对大数的癖好不能仅仅看作轶闻趣事。倒是可以顺便告诉你一则有关他的轶闻趣事。爱丁顿是“广义相对论”最坚决、最积极的支持者，曾经率队赴非洲通过观测日食现象证实广义相对论的正确（原理这里就不谈它）。当时人们夸大了广义相对论难懂的程度，有“世界上只有三个人懂”的说法。有人对爱丁顿说：“您肯定是三个人中的一个”，并且说：“您不要谦虚！”爱丁顿回答却是：“恰恰相反，我正在考虑那第三个人是谁！”

六 人物故事

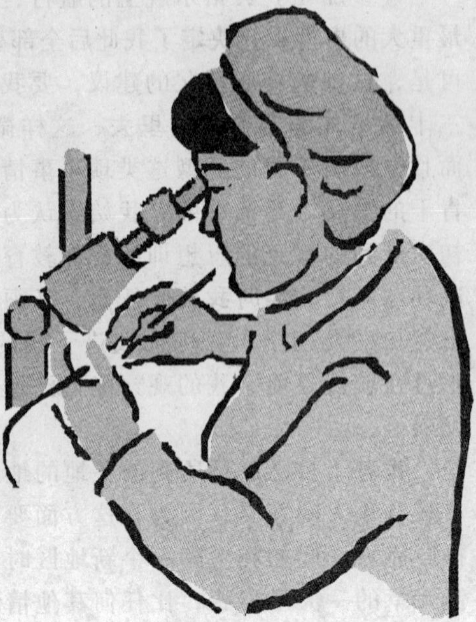

“他的头型完全变样了！”*

［英］达尔文

〔参加在〕贝格尔舰上的航行，是我一生中最重大的事件；它决定了我此后全部事业的道路；可是，这却取决于舅父的建议，要我乘车赶回到三十英里外的希鲁兹伯里去，这样微小的情况；而且也取决于我的鼻型这类琐小事情哩。像这样肯干的舅父，是稀有的。我始终认为，应该把我初次受到的真正的思想训练，即教育，归功于这次环球航行。当时我接受任命，必须去仔细研究自然史的几门学科，因而改进了我的观察能力，不过在航行以前，我的观察能力已经有相当好的发展了。

我始终认为，应该把我初次受到的真正的思想训练，即教育，归功于这次环球航行。

我对于自己旅行所到的各地的地质考察，具有极其重大的意义，因为在这方面要发挥所有的推断能力。起初在考察一个新地区时，只见到杂乱无章的一大堆岩石，比任何其他情形都难以处理，以致大感绝望。可是，如果把很多地点的岩石的层理和性质以及其中化石记录下来，经常对这些记录进行思考，并且努力推测其他各处将会发现的情形，那么很快就会搞清楚这个地区的杂乱情况，因而也就多少可以理解到它整个的地质

*选自《达尔文回忆录》，毕黎译，商务印书馆1982年版。

构造了。那时我随身携带了赖尔所著的《地质学原理》第一卷，经常仔细地研读他；我在很多方面，从这本书中获得了极大的益处。我开头考察的第一个地区，就是佛得角群岛中的圣地亚哥岛；它使我清楚地看出，赖尔所举出的地质研究方法，有惊人的优点；在我当时带去的或后来阅读到的所有其他地质学书籍中，其著者所提出的方法都不能及到他。

我的另一项工作，就是采集所有各类动物，对很多海生动物作简略的记述和初步解剖。可是，因为我没有绘图本领，也没有相当的解剖知识，所以我在航行期内所记写的一大堆原稿，都已经证明是无用的。因此，我浪费了很多时间，但是只有在甲壳纲方面获得了一些知识，总算没有白费，因为后来我在著写蔓足类动物专集时，这方面的知识就对我有用处了。

我时常在每天某一时间内，记写自己的《旅行日记》，把我当时所见所闻都仔细而且生动地描写出来；在这方面耗费了很多的精力；这是一种有益的训练。我把自己这本日记充当家信的一部分，在遇到适当的机会时就把它分批寄回英国去。

可是，上述的各种专门的研究工作，在同我当时养成的一种习惯相比时，就显得不重要了；这种习惯就是：勤奋的劳动和对自己所研究的任何事物的专心注意。凡是我思考过的或阅读到的一切，都同我已经看到的或者有可能看到的事物有直接的关系；这种运用脑力的工作方法的习惯，在整个五年的环球旅行期内一直继续着。我确信，

上述的各种专门的研究工作，在同我当时养成的一种习惯相比时，就显得不重要了；这种习惯就是：勤奋的劳动和对自己所研究的任何事物的专心注意。

这种运用脑力的工作方法的习惯，在整个五年的环球旅行期内一直继续着。

正是有了这种习惯，才使我能够在科学方面作出自己的一切成绩来。

现在我在回顾往事时可以看出，我对科学的爱好，怎样会逐步增强起来，而超过了对其他一切的兴趣。在环球旅行最初两年内，我仍旧保持着原来的打猎嗜好，几乎是竭尽全力地去干着；为了要采集标本，我亲自去猎取一切鸟兽；但是此后，我就越来越经常地把猎枪交给自己的仆人，最后终于完全由他一人去猎取鸟兽了，因为狩猎工作会打扰我的研究工作，尤其是妨碍我对某一地区的地质构造的勘察研究。我曾经发现，不过是无意识的和不知不觉的发现：观察和推断工作的乐趣，确实是远胜于任何的手艺和打猎工作的乐趣。在我身上，野蛮人的原始的本能，逐渐给文明人的后天习得的爱好所替代了。在这次环球旅行期内，我的思想，由于受到自己这些工作的影响而发展起来了，这种情况，大概可以用我父亲所讲的一句话来表达。父亲是我生平所见到过的最敏锐的观察家；他的性情有怀疑主义的倾向，而且完全不同于颅相学的信徒。当我在完成环球旅行后回家时，他一见到我，就转身向着我的姐妹们，并且高声呼道："啊！原来他的头型完全变样了！"

阅读提示

YUE DU TI SHI

五年的环球旅行改变了达尔文的头型！可以想像一下，这五年时间达尔文是怎样在运用他的脑力。脑力也是“用进废退”的。注意文章中的第五段，达尔文说到他“当时养成的一种习惯”。养成好习惯终生受益。古希腊哲学家柏拉图早就用一个反问句提醒过年轻人：“怎么？你认为习惯不重要？”

一个数学家的自白*

[英]哈 代

我不记得我除了想当一个数学家，还曾经想成为别的什么。我觉得我的这种特殊能力是明摆着的。

我不记得我除了想当一个数学家，还曾经想成为别的什么。我觉得我的这种特殊能力是明摆着的。我也从未对我长辈的断言产生过什么疑问。但是我也记不清孩提时代曾对数学抱有多大热情，事实上，我对数学家这门职业的见解远非那么高雅。我觉得数学对我来说就是考试和奖学金。我想打败其他孩子，这方面，似乎是我做得比较坚定的一面。

在十五岁的时候，我的追求发生了一个急剧转变。Alan ST 写了一本名叫《三一学院的一个家伙》的书，是讨论剑桥大学生活的系列之一。我觉得这本书比起 Marie 的大部分书籍都差很多，但是它能激起一个聪明孩子的想像的话，也不至于糟到哪儿去。书中有两个角色，主角名叫佛拉瓦斯，他几乎各方面都好。另一个则相对较弱，叫布朗。佛拉瓦斯和布朗发现大学生活里存在许多危险的诱惑。最严重的当属由 Bellenda 姐妹在切斯特顿开的一个小赌馆。她们是两个迷人但邪恶至极的年轻女士。佛拉瓦斯抵制住了这些诱惑，并一举成为 Second Wrangler（剑桥大学数学学位

* 朱小蓬、林金钟译，摘自 A Mathematician's Apology，剑桥大学 1992 年版。

第二名）和 Senior Classic（剑桥大学古典语文第一名），自然就升为研究生继续学业。然而布朗却屈服于这些诱惑之中，用尽父母的钱财，花天酒地。直至在一场暴风雨中经牧师 Junior Dean 的祈祷从癫狂中被拯救回来，费尽周折才勉强获得学位，最终成了一名传教士。他们的友情并没有因这些不愉快的事儿消散，当佛拉瓦斯第一次在高级集体卧室里，喝着葡萄酒，吃着胡桃时，不禁想起布朗，给予真挚的同情。

说起来佛拉瓦斯是个足够高雅的小伙子，但我那未经世面的脑袋却不认为他很聪明。如果他能做到这些，为什么我不能。特别是集体卧室那一幕彻底地迷住了我，从那时起，数学对我来说主要意味着的是三一学院的奖学金，直到我也如愿以偿。

当我一进入剑桥，我立刻发现奖学金即意味着基础的工作，但过了好久我才对何为研究形成明确概念。正如每一个未来的数学家一样，我在学校里当然发现在某些事上我经常能够做得比我的老师好，即使在剑桥我同样发现，尽管很自然次数少得多，也有能做得比剑桥的讲师好的时候。但直到我都获得了学位的时候，我还是对我的课题显得很无知，尽管我的余生都将花费在其上。我当时仍然认为数学本质上就是用来竞争的学科。而拉乌教授则第一次开了我的眼界。他教了我几学期的课，使我第一次有了关于分析的严肃的概念。我欠他最大的一份人情就是——毕竟，他主要是一个应用数学家——他建议我读乔丹著名的

《Cours d'analyse》（《分析教程》），我将永远不会忘记我读这本名著时的那种震惊（正如我这一代的许多数学家一样从中受到最初的激励），我第一次知道了什么是真正的数学。从那时起，我就踏上通向一个真正数学家的道路，带着对数学真正意义上的追求和对数学真正的热情。

接下来十年里我写了大量的文章，但只有极少数较重要。有不超过四到五篇比较满意的论文，我现在仍然能记得。十年后或者十二年后，我真正的职业机遇来了。那是在1911年，我和Littlewood开始了长期合作，1913年，我又认识了Ramanujan。从那时开始我所有最好的工作都与他们有关。显然，我和他俩联手是我一生中决定性的事件。当我沮丧的时候或者发现自己不得不听某些无聊的人夸夸其谈的时候，我会对自己说，“我做了一件你永远不会做到的事情，那就是同时和Littlewood与Ramanujan两人合作，而且是以几乎同等的身份。”对他们来说，我事业上的成熟来得异乎寻常的晚：我四十岁多一点才到达顶峰，当时我已是剑桥的教授了。从那时起，我一直不断地退步，这也是年迈的人特别是年迈数学家的共同命运。一个数学家在六十岁或许还比较有能力，但却不能指望他产生新颖的想法。

一个数学家在六十岁或许还比较有能力，但却不能指望他产生新颖的想法。

现在很清楚，我的生命，就其有价值的部分来说，算是已经结束了。没什么我还能做的可以再明显地增加或减少已有的价值。要想心平气和地面对这一点并不容易，但我认为我还算成功。我已得到的奖赏比具有我这种能力的人应得的要多。我曾获得过一系列舒适并且“尊贵”的职位。我很少因大学里的框框条条惹上什么麻烦。我讨厌“教书”，而我不得不教的时候很少，且几乎全都服从于研究的目的。我喜欢演讲，曾给许多才华横溢的班级做过大量的演讲。我总是有许多空闲来做研究，这曾是我生活中时间最久的一大幸事。我发现和别人合作显得很容易，我已和两位杰出的数学家开展大规模的合作。这已使我对数学作出了不小的贡献，远超过理论上我所期望的。同任何其他数学家一样，我也有过我自己的失望，但却没有一个严重到让我感到特别不高兴的。

我总是有许多空闲来做研究，这曾是我生活中时间最久的一大幸事。

如果在我二十岁的时候，我就有过上这样的生活的机会，我会毫不犹豫地选择它。

如果认为我本来还可以做得更好则是很荒谬的，因为我没有任何语言或艺术上的能力，对实验科学也几乎没什么兴趣。我或许可以成为不错的哲学家，但不会有什么原创思想。我认为我也能做一个好的律师，可惜出了校园，只有新闻业才能让我对我的形势感到真正的自信。毫无疑问，如果以所谓的成功作为评判标准的话，我做一个数学家是正确的。

还有，如果我想要的是一个相当舒适和幸福的生活，我的选择是对的。但是，律师、股票经纪人以及出版者通常更能过上舒适和幸福的生活。要想弄明白世界怎样会因为这些人的存在而更加富有是很困难的。是不是在某种意义上我能宣称我的生活比起他们来要有用一些？对我来说（再一次地）似乎只有一个可能的答案：是吧，也许我从来没做过什么“有用”的事情。我已经做出或有可能做出的任何发现，都不会给这个世界带来一丁点的变化，无论是直接的或间接的，也无论是好的或不好的。

我已经对人类知识做了点补充，并帮助其他人补充了更多；这些东西在价值上同伟大的数学家们的创造相比，或者其他任何艺术家相比，也仅仅是在程度上而不是性质上有所不同。

吧，但如果真是这样，也只有一个理由。

我从来没做过什么“有用”的事情。我已经做出或有可能做出的任何发现，都不会给这个世界带来一丁点的变化，无论是直接的或间接的，也无论是好的或不好的。我曾帮助培养过其他的数学家，但是像我这样的数学家和他们所做的工作，无论我帮他们走了多远，都和我自己一样没什么用处。从所有实际的标准来看，我的数学生涯的价值是一文不值；在数学之外它完全无足轻重。只有一个机会可以让我逃脱“完全无足轻重”的裁判，那就是，我或许会被认为创造了值得创造的东西。我已经创造了某种东西，这是不可否认的，问题只在于它的价值。

对于我的生活，或者任何我这种意义上的数学家的生活，事实是：我已经对人类知识做了点补充，并帮助其他人补充了更多；这些东西在价值上同伟大的数学家们的创造相比，或者其他任何艺术家（无论大艺术家还是小艺术家，只要在他们身后留下了某种纪念什么的）相比，也仅仅是在程度上而不是性质上有所不同。

阅读提示 YUE DU TI SHI

哈代是一个伟大的数学家，这篇“自白”是他写的《一个数学家的辩白》一书的最后一章。他认为，为数学辩白自然也就是在为职业数学家的生涯辩白，所以用这篇自白作结。书写得很好，在全世界范围影响都很大。所谓为数学辩白，其实就是探讨和维护数学的价值。他有一个观点，就是数学是不求“有用”的。尽管数学的应用已经给人类带来巨大成就，但他还是坚持“纯数学”的研究才是数学的最高价值所在。这个观点固然有些偏执，很多数学家都不太同意，但却也有值得你用心体会的道理：数学是人类的创造性活动，进行数学创造的主要驱策力是“解决纯智力的挑战”和“对美的追求”。参照《数学是一种精神》和《如果哈代知道了》两篇文章来读，你就会得到一个较为全面的看法。

如果哈代知道了*

[英] 戴　森

我 17 岁时，入剑桥大学做了学生，并且有幸结识了著名的数学家戈德弗雷·哈代（Godfrey Hardy）。

当时，几乎所有数学家与科学家都离开了学校，投身于第二次世界大战了。学校里没有研究生，任何专业的高年级学生也很少。留在剑桥从事数学的人只有著名的老教授们和一群非常年轻的大学生。哈代当时已经 64 岁了，情绪沮丧，处境恶劣。他已经患上了心脏病，这种病几年后令他残废。他从来也不谈论在我们周围汹涌澎湃的战争；他对战争深恶痛绝到了缄口不言的地步。他开设了关于纯数学的讲座，他喜欢让四五个学生在小讨论间里围坐在一张小桌子边听他讲课。在这个小房间里，我们坐得离哈代只有几英尺远听讲，一周三次，有两年之久。他讲课就像婉达·兰多夫斯卡（Wanda Landowska）①在拨弦古钢琴上弹巴赫：精确而通体透明，但是又向所有能够看穿表面的人展现出他热情的快感。每一次讲座

* 选自《太阳、基因组与互联网：科学革命的工具》，覃方明译，三联书店 2000 年版。

① 婉达·兰多夫斯卡（1877—1959），旅法波兰女钢琴家。——译者

都经过精心准备，就像一件艺术品一样，让充满智慧的结论好像自发地在课时的最后五分钟里呈现。对我来说，这些讲座是令人陶醉的享受，我时时感到一种冲动，要拥抱住这个离我两英尺远的白头发小老头，向他说明，我们对于他继续谈话的愿望是多么五体投地的感激不尽。

在我到剑桥之前那一年，哈代出版了一本小书，名为《一个数学家的辩白》（*A Mathematician's Apology*）。这本书是为那些没有经过数学训练的读者写作的，引导他们渐入佳境地进入数学世界，他在这一世界中如鱼得水。他是个非常纯粹的数学家，而他的书所传递的讯息是：纯数学是唯一值得尊敬的数学类别。他写道："数学家，就像画家或者诗人，是模式的创造者。如果他的模式比画家或者诗人的更为长久，那是因为他的模式是由观念构成的。"他把自己看成是艺术家，创造出具有抽象美的作品。他将应用数学看做是二流的数学，常常造成损害而不是改善，他特别痛恨应用数学以任何方式被应用于战争。他骄傲地声称，他在一生中从未做过任何可以被视为有用的事情。他所做的一切都是艺术作品，并且是有独特风格的艺术作品。他数学论文的风格与内容同样优美。他尽其所能地写得清晰优雅。

在我后来的科学生涯中，我并未忠于哈代的理想。开始，我步他的后尘进入了数论领域，并且解决了几个数论问题。这些问题优美但无关宏旨。后来，在我作为数论理论家工作了三年之后，我决定成为应用数学家。我认为理解自然的基本

在我后来的科学生涯中，我并未忠于哈代的理想。

我决定成为应用数学家。我认为理解自然的基本奥秘要比继续证明只能引起一小撮理论家兴趣的定理令人振奋得多。

我常常想到哈代书中的著名论断，这一论断以有点刺人的字眼表达了他对应用数学的憎恶："如果一门科学的发展有助于加剧在财富分配上业已存在的不平等，或者更直接地促成人类生命的毁灭，据说它就是有用的。"

在选择所论述的问题时，我总是把哈代的警告铭记在心。哈代的论断经常是千真万确的，这是一个所有应用科学家都必须严肃对待的警告。

奥秘要比继续证明只能引起一小撮理论家兴趣的定理令人振奋得多。我小心地避免向哈代说起我的这个决定，因为我知道这只会令他伤心。几年之后，当我已经成功地完成了向应用数学的转变并且感到可以告诉他这一消息时，他已经辞世了。我要告诉他的是，在我过去作为数论理论家所做的工作，与我现在作为物理学家所做的工作之间，并没有高下之分。但是这时一切都已经太迟了。

在后来的岁月里，我有许多次曾经希望，我能够向哈代解释，我已经运用他教给我的数学做了什么。我梦想着有朝一日他能够理解并原谅我背离了他的理想。

通过我的职业生涯，我已经幸福地找到了有效利用我的数学技巧的科学领域。我已经在粒子物理、统计力学、凝聚态物理、天文学、生物学等领域研究过形形色色的问题。我也曾经研究过工程问题，将数学应用于仪器和机械的设计。当我在设计机械时，我常常想到哈代书中的著名论断，这一论断以有点刺人的字眼表达了他对应用数学的憎恶："如果一门科学的发展有助于加剧在财富分配上业已存在的不平等，或者更直接地促成人类生命的毁灭，据说它就是有用的。"我要在此证明哈代错了，要证明科学能够在不造成损害的情况下对人有用。在选择所论述的问题时，我总是把哈代的警告铭记在心。哈代的论断经常是千真万确的，这是一个所有应用科学家都必须严肃对待的警告。

在我的一生中，有三次我所从事的应用研究

课题可能哈代会加以反对。在1956年，我帮助设计了一种内在安全的核反应堆，这种反应堆以“特里加”（TRIGA）的名字出售，并且直到今天仍然在生产销售。它大部分被用于医院，产生用于诊断代谢疾病的短寿命同位素。短寿命同位素有许多优点，但是它们必须在使用它们的地方生产出来。反应堆的内在安全基于物理定律，而不是基于机械装置。“特里加”的原型机在圣迭戈的一次公开仪式上向全世界展示出来，伟大的物理学家尼耳斯·玻尔亲自按动开关使它运转起来。在那些日子里，大部分科学家，像玻尔，都认为和平利用核能是为人类造福。虽然核能并不能满足我们的所有愿望，我仍然相信“特里加”是为善的工具，而非作恶的利器。

在那些日子里，大部分科学家，像玻尔，都认为和平利用核能是为人类造福。虽然核能并不能满足我们的所有愿望，我仍然相信特里加是为善的工具，而非作恶的利器。

我参加的另一项工程课题是自适应光学。问题是要设计带有快速控制系统的可变镜片（flexible mirror），以校正由于大气扰动所产生的光学图像变形。自适应光学在原理上能够容许陆基望远镜与空基望远镜同样清晰地看到太空中的天体。不幸的是，同样这一种技术既可以帮助与世无争的天文学家，也可以被用于军事目的，将激光束聚焦。在我开始研究工作之前，我对于自适应光学的和平与军事用途进行了仔细的研究。我得到这样的结论，军事上的应用只是幻想，而天文学的应用是实实在在的。现在显然我的判断是正确的。自适应光学正在为天文学家所利用，取得了巨大的成功，而激光武器只有在科幻故事与电影中才能见到。①

我最近与数学实际应用有关的工作开始于几年前。问题是帮助柬埔寨、波斯尼亚、安哥拉和阿富汗的人民，在这些国家里，有数以百万计的地雷隐藏在地下，而每年有成千上万的无辜平民与儿童因这些地雷爆炸而致死和致残。这些人民需要价廉轻便的探雷器，便宜到可以大量生产与广泛分发，轻便到可以在没有道路与电力的地方使用。美国陆军愿意提供帮助，但是没有合适的装备。军队的设备太重也太贵，那是为快速清扫雷场以便士兵能够迅速通过而设计的。问题是使得军队的技术适应平民的需要，使之轻便简单。对于平民来说，速度并不重要。

保罗·霍洛维兹（Paul Horowitz）是哈佛的物理学家，也是搜寻来自地球外（extraterrestrial）生命形式之讯息的领导者之一，还是解决地雷问题的负责人。他发明了他称之为灵敏探针的仪器，这是由人们在搜寻地下的地雷时通常所使用的探棍（pointed stick）改造而成的。通常的方法是非常小心地将探棍刺入被埋藏的物体周围，根据形状将地雷与岩石、树根区分开来。

霍洛维兹设计出一种尖端上带有微型声音发射器与接收器的探棍。这个尖端向任何它所触到的物体内部发射出一连串柔和的声脉冲，然后接

当今，激光武器的关键技术已取得突破，进入了使用阶段，但作者写本文时，这还是一种幻想。

——编者

收反映着物体内在振动的回波。地雷的回波与岩石和树根的回波截然不同。鉴别地雷的过程变得迅速得多，也安全得多。回波甚至能告诉你那是哪种类型的地雷。

在俄国、意大利、中国与美国生产的地雷所产生的回波很容易识别。灵敏探针只消耗非常少量的电力，可以靠电池来工作。霍洛维兹现在正致力于使它更轻、更结实，以便在野外使用。目的是使它类似于已有的棍形探针，这样已经完全习惯使用棍形探针的人们就很容易学会使用灵敏探针。我很幸运与霍洛维兹一起工作去解决地雷问题。他以一种微小的方式，减轻了滥用科学对人类造成的损害。我相信，如果哈代知道了我们所做的工作，他会为我们祝福。

我相信，如果哈代知道了我们所做的工作，他会为我们祝福。

阅读提示 YUE DU TI SHI

戴森是一位声望卓著的物理学家。这篇文章节选自《太阳、基因组与互联网》一书的序言。那本书探讨的是“科学革命的工具”，但在序言里戴森竟用一半的篇幅谈他的老师哈代及其关于数学的观点，可见哈代对他的影响之深！与哈代《一个数学家的自白》一文两相对照，知道哈代的“自白”中也包含一种“警告”，戴森说“这是一个所有应用科学家都必须严肃对待的警告”。仔细领会哈代的警告，其中包含了科学家内心常会面对的重大问题。你看，戴森内心里就一直在跟他的老师辩驳，并且一直希望能获得老师的首肯，不是吗？

父亲之风*

熊秉明

一

若要简单扼要地用一两个词来描写父亲熊庆来的性格，我想可以说："平实，诚笃"。

他的面貌方正，嘴阔，鼻系"悬胆"型，眼睛较细而近视，目光含蓄平和，举止言谈也比较缓慢而持重。我记得很小的时候，他便常训诫我："不要心急，慢慢想解决问题的办法。"因为我生性灵活好动而常嫌浮躁。

我没有看到他非常地动怒过，或者激烈地表现过欢欣与悲哀。他没有浪漫主义的素质，可以说相反，他厌恶浮夸与虚饰，在把笔起文稿的时候，很费斟酌。他的要求是文从字顺，精确达意。他的美学原则是从数学来的，推理的缜密和巧妙乃是法语里所说的"优美"（élégance）。他为我们改文章时常说：用字要恰当，陈述要中肯，推理要清晰。

他的美学原则是从数学来的，推理的缜密和巧妙乃是法语里所说的"优美"（élégance）。他为我们改文章时常说：用字要恰当，陈述要中肯，推理要清晰。

他并不善辞令，至少，我如此觉得。在北京清华大学任教十数年，他一直说着云南话，音调低沉而缓慢。我6岁到北京，他告诉我北方话的

* 摘自《永远的清华园》，北京出版社2000年版。

特点，举了一个例子："黑板"，"板"字念第三声，拖得很长。这是我唯一听到他所说的北京话。当然云南话很容易懂，他不需要改变自己的腔调去讲课或和人交谈。此外，他好像也没有去学习语调较抑扬的北方话的欲求。云南人说云南话，似乎是十分自然的、本色的，和他的平实诚笃的气质正是一致的。我想他是一个相当典型的云南人，山国的人。

待人接物以诚，是他一向为人的原则。外表的浮华、机巧的欺谎、曲折的手腕，都是他所排斥的。学校里建造考究的美国式体育馆，他认为没有必要。他常说巴斯德发现细菌、居里夫妇发现镭，都不是在漂亮的试验室里完成的。

他常说巴斯德发现细菌、居里夫妇发现镭，都不是在漂亮的试验室里完成的。

他爱恬淡朴素的生活，不吸烟、不喝酒，不许母亲打牌。这些都不是立意要做自律正严的道学家或者清教徒。他确乎爱恬淡的生活情调。家里的烹调是清淡的家常口味。他的衣着也朴素，但也有一定的考究和大方。室内没有奢侈的陈设。工作之余他爱收藏一些字画，但是并不苦心搜求稀见难得的古董。较古的物件不过是祝枝山的字，何绍基的字而已。他爱齐白石的画，买过10多件。我9岁时，他曾带我去过白石老人家，所以我现在手边还藏有老人那天送我的一幅"雁来红"。其他当代书画家的作品也不少，特别是徐悲鸿的画和胡小石的字，他和他们是多年的朋友和同事。不知名的画家的作品，他见了喜欢，也买，并不只因慕名而收藏。

他的字体开阔平稳，没有外在规矩的拘束，也没有内在情绪的紧张。点画丰润，顿挫舒缓，给人以宽和端厚的感觉，一如他的性格。

他自己也写字，亲自为人题婚联、挽联，措辞总求有新意。但机会不多。他的字体开阔平稳，没有外在规矩的拘束，也没有内在情绪的紧张。点画丰润，顿挫舒缓，给人以宽和端厚的感觉，一如他的性格。眼光尖锐的还可以察觉出他对空间的敏感，这一点大概和他的数学训练有关。半身不遂之后，左手握笔难于控制，笔画颤抖，但过去的笔致和结构仍隐隐然可见。

他喜欢京戏，却不常看，若去，必和母亲一道。

诵读古诗是他心情好时的遣兴，也是他失意时的慰藉和支持。1950年他在巴黎，对自己的未来颇多烦扰，正考虑留在法国，重新拾起数学研究工作，说是已想好若干题目可做。不料1951年1月突患脑溢血，引起半身不遂，住入医院。病情稍稍好转时，命我带一册唐诗，放在枕边。我深知那时他的心情是极为低沉的。那些唐诗似乎能够给老人受伤的根蒂带来甘露，其回生的作用和药物相同。有意兴时，他自己也做诗。遣词造句，常见新意。1957年东返后，颇有不少赞扬祖国新气象的咏唱。

诗人中他最爱陶渊明。他喜欢菊花。住清华园西院时，每到秋初，便向学校的花房订十数盆各色的菊花放在石阶的两旁，一两个月，院里充满"秋菊有佳色"的氛围。

"菊缘"是母亲的名字。他们同年同月生。母亲生于九月九日重阳节，命名从这里来。父亲生于九月十一日，所以一向合并了在一天庆祝生日：九月十日。庆祝的方式其实很简单。头天晚上母亲亲自和面擀面，面粉里不掺水，全用鸡蛋，擀得极薄，切得极匀，放在湿布下，留待第二天用。鸡选上等的，炖出做汤。一家人就在温暖快活的气氛中围桌享用这鸡丝寿面。鸡肉、面条、鸡汤都透着、闪着浅浅的明亮的金色。经过母亲的慈心巧手，使滋味的精美与纯粹升到象征的境地，铭记在我们幼小的心上。我们以为那是人间无上的美味，远远超越一切豪奢的蛮腻。这时父亲便会讲述他年轻时代的生活片断。民国初年学西语，后来到欧洲留学的一些逗笑的趣事。也会讲教学经验中的一些故事。比如刚从欧洲回国到东南大学任教的第一年，他几乎担任系中所有的课程，编所有的讲义。因为当时缺乏师资，更缺乏教科书。而那一年恰好遇到一批出色的学生，每人每次交来的练习必是一整本。一年下来他便病倒了，但他把这些事当作愉快的回忆讲起来。他也会为我们讲到老家祖辈的事迹。可是我们家族的历史只能追溯到曾祖父。曾祖父白手起家，刻苦守信。少年时贩糖和盐在竹园、开远之间，走一日山路，中午只有一包冷饭充饥，靠一枚咸鸭蛋佐味。据说咸鸭蛋也尽量节省。有一次，差不多空了的残壳被风吹走，跑了一大段山坡追回来。

偶然，星期天上午，有兴致时，他会为我们讲一段左传或战国策，或者一节代数几何。学校里的作文发下来，他总带着很大的兴味去看，并说出他的意见。他爱文字的精确。他赞成白话文，在几何求证里，他认为“如果……则……”优于“要是……那么……”。因为“如果……则……”代表严格的思维方式，不得和“要是下雨，那么我就不去了”的句式相混淆。

但是反对用口语写科学论文。在几何求证里，他认为“如果……则……”优于“要是……那么……”。因为“如果……则……”代表严格的思维方式，不得和“要是下雨，那么我就不去了”的句式相混淆。

显然，这样一种性格宜于做科学研究和教学。他也的确视数学研究为他的本位工作。他以为科学工作获得的真理是客观的，真假差误可以核对，可以用实验证明。行政工作，任劳任怨，而褒贬没有定论。牵涉到政治问题更是利害混入是非，权谋高于原则。在任云大校长的初期，他每周仍兼数小时课。这几小时的数学课，在他是乐趣。但是后来事务太繁，终于放弃。60岁以后，半身不遂，他“重理旧业”，回到数学研究并指导研究生。大概有“终得返故园”的喜悦。那时他写论文用左手，当然写得非常之慢，但他无怨言，自嘲地说：“这病不痛而苦。”工作之余常说：“不知老之已至。”

二

在他的平实诚笃中，有深厚执著的爱：一是对科学真理，一是对祖国与乡土。

在他的平实诚笃中，有深厚执著的爱：一是对科学真理，一是对祖国与乡土。

在我懂事之后，看到他两次面临重大抉择，两次都是要他在个人科学工作与为祖国乡土服务之间做选择。每一次，经过反复考虑后，都是后者占了上风。一种来自传统的道德感督促他，在集体潜意识底层使他不宁。“为桑梓服务”在他几乎是一种不可抗拒的声音。

但是后来的发展却证明这献身的选择带来重重不幸。

1936年，他在清华大学算学系做教授兼系主任。云南大学闹风潮，省主席龙云打电报给他，请他主持云大。那时云南是一个边远难及的省份，去昆明得办护照，绕道香港、越南，然后经滇越铁路到达。在那里办大学，别的不说，单延聘教授一端便十分困难。但是云南是他的故乡，他觉得对那个地方和那地方的青年有一种责任，所以终于决定“为桑梓服务”回去了。他在回去的途中，便发生了七七事变。在抗战期间，负责大学行政很不易。经费拮据是一方面，政治纠纷是又一方面。他这样的科学人才，要应付各式各样的问题，用“鞠躬尽瘁”来描写，并不夸张的。为了教育事业，他献出生命力最充沛的12年。而在抗战胜利后，民主运动最激烈的时刻，他坚决果敢地保护了学生和进步教授。但是后来人们论及他的生平，大都只说他是数学家。这一段艰苦非常的事业极少记述。不仅如此，到了“文革”期间，他受审查，不断写交代，也都因为有这一段经历。

50年代，他滞留欧洲，患半身不遂。后渐好转，可以行动，可以用左手执笔写字。因为暂时不能归国，决定回到数学研究。但是做了12年大学校长之后，“重理旧业”并不容易。何况抱病？但他的平实诚笃里蕴藏有卓越的毅力，他的研究出了成果，用左手慢慢一个字、一个字写出来的文章，连续在法国科学院杂志中发表，并且完成

50年代，他滞留欧洲，患半身不遂。

他的研究出了成果，用左手慢慢一个字、一个字写出来的文章，连续在法国科学院杂志中发表，并且完成了一本书编入法国数学丛书。

了一本书编入法国数学丛书。这时国内号召知识分子回国服务，使他又一次面临个人科学工作与为祖国服务的选择。那时我在欧洲学习，侍奉在侧，看到他犹豫彷徨的痛苦。我那时年轻，当然是主张他回去的。我以为他这样的科学家一定会受到重视，而以他的爱国热忱和质朴的性格，也一定不会受政治的迫害。回去后，国家的新局面使他振奋，他一心想在晚年通过教学工作作出贡献，指导研究生之外，自己发表了不少数学文章。但不及 10 年便发生“文化大革命”，科研的成就转为罪状：“反动学术权威”。大学校长任内的工作也成为交代不完的旧账。终于经不起肉体上以及精神上的种种折磨，于 1969 年 2 月 3 日逝世。1978 年中国科学院落实知识分子政策，父亲被列入第一批平反昭雪的名单，1978 年灵灰放入北京八宝山革命公墓。

我于 1979 年回到北京。一日，母亲以凝重的神情要我看一看父亲最后的手迹。于是闩上房门，小心翼翼地从箱底取出一大包旧纸。打开来，那是父亲在“文革”期间用左手所写的交代文字。我在巴黎时看他每日每晚用这种压入纸面的沉重然而不稳的笔画写数学论文，再见这字体，当然亲切熟悉，然而这里写的不是数学文章，而是早请安（示）、晚汇报的记录，共计三四百页。我顿时觉得眼的辛辣，心的绞痛。母亲无语，端坐在一旁。我知道她就如此在深夜陪伴老病的父亲挣扎着写这些虔诚的汇报。她似乎从那时起一直如此端坐着。她静静等待我的阅读，等待我明白什么。我的眼睛早已模糊，早已读不下去，但是我不敢动，也没有话可说。这是一个怪异的仪式。空气中凝聚着令我恐惧的母亲的严厉和悲哀。我不记得这仪式进行了多少时候。现在回想，似乎在那一间科学院宿舍的昏暗的屋子里，母亲仍端坐在那里，我仍坐在那里，母亲就像鲁迅《铸剑》里所描写的："……母亲就坐在灰白色的月影中，仿佛身体都在颤动……两眼发出闪闪的光芒。……'听哪'，她严肃地说，'你的父亲……'"而我的母亲什么也没有说。

母亲就像鲁迅《铸剑》里所描写的："……母亲就坐在灰白色的月影中，仿佛身体都在颤动……两眼发出闪闪的光芒。……'听哪'，她严肃地说，'你的父亲……'"而我的母亲什么也没有说。

三

1893年，他生在云南省弥勒县息宰村。村子甚小，当时大概不到50户人家。虽坐落在盆地的平原（坝子）上，但距县城有两天的路，距滇越铁路的开远车站也有一天山路，实在可说是偏远闭塞的。

坝子气候炎热，以产甘蔗著称，也多玉米，稻田反较少。甘蔗、玉米都是高型作物，从高处远望，给人以庄稼丰盛的感觉。父亲常说，稻田像水彩画，甘蔗田、玉米田像油画，我们的家乡是一幅油画。

直到十二三岁，他就在这村子的私塾里念子曰诗云。像他这样笃实的人很可能被旧式教育的思想所框限，然而并没有。那子曰诗云为他建立了做人的基本间架，但并没有在他作为科学家、爱国主义者的道路上竖起什么障碍。

15岁，他到昆明。考入英法文专修科，开始接触到西方文化。辛亥革命成功，他18岁，属于被建设国家的狂热鼓荡的一代。次年，像其他各省一样，云南省也选拔留学生到欧美留学。他考取赴比利时学矿，目的当然在学成后回到矿产丰富的云南兴建实业。但是到比国的第二年欧战便爆发。他经荷兰、英国到巴黎，矿业学校因总动员关闭，巴黎大学仍上课，他转学数学。他讲起这一段往事，常说他学数学是相当偶然的。

在这些科学成就的后面有一种深厚的人文主义为背景。这人文主义也许是父亲深受熏陶而不自意识的，但是从他给我们所讲的一些故事中流露出来。

他留学法国八年，1921年东返。在这八年中除了专业学习之外，当然无形中受到西方文化的熏陶。欧洲的科学在此时沿着19世纪的成就突飞猛进。法国大数学家曾旺卡烈（Poinlarc）方逝世（1912年）。巴斯德逝世（1895年）不到20年，其声望与精神仍发生巨大的影响。居里夫妇发现镭而获诺贝尔奖。在这些科学成就的后面有一种深厚的人文主义为背景。这人文主义也许是父亲深受熏陶而不自意识的，但是从他给我们所讲的一些故事中流露出来。

他常要讲起巴斯德。下面的故事我从小听过许多次，要了解他，我必须把这些故事重述在这里。

18世纪法国南部蚕业很繁荣，可是1859年发生一次大蚕瘟，甚至蔓延到南欧各国以及近东，蚕业濒于绝境。化学家杜马是巴斯德的旧师，推荐巴斯德研究此问题。巴斯德果然找出蚕瘟的细菌，并找到消灭瘟菌的办法。法国蚕业得以迅速恢复。

约在同一时期，法国酿酒商也提出他们的问题来。传统酿酒的方法是不可靠的，往往有大量果汁莫名其妙地不发酵，造成巨大损失。经巴斯德研究，发现了酵母菌的作用，并且掌握了发酵现象的规律，法国造酒业也因此得到飞跃的发展。

1870年普法战争，法皇拿破仑第三被俘，法国惨败。普鲁士索战债50万万法郎。据估计在这一笔债务的重担下，法国将长期挣扎不起来。不料由于法国蚕丝业、造酒业的兴旺，这巨额竟在一年中全数付清。当然巴斯德的重要发现远不限于解决养蚕、酿酒的问题，也不是50万万法郎所能估计得了的。人类与疾病的斗争，由于细菌的发现，进入了全新的阶段。

巴斯德晚年，1884年到丹麦哥本哈根演讲，普鲁士王威廉第二尚是25岁的王子，也在前排贵宾之列。演讲后，主席为巴斯德介绍在座贵宾时，到了威廉第二，故意回避过去，因为他知道巴斯德是极爱国的。普法战后，两国仇恨很深，介绍了，双方都会感到窘促。但是这时威廉第二自动走上前去说："我要向一个为人类创造幸福的人致敬。"巴斯德所做的，不止偿还50万万法郎战债，而且争回国家的骄傲。

而巴斯德的父亲所期望于儿子的是当一名中学老师。他曾是拿破仑军队的低级军官，解散后，在法国东部茹老山阿尔波亚小城里做制革匠。他对儿子说："啊，要是你能在阿尔波亚当上中学在乡村私塾里吸收的传统精神和在西方接受的启蒙思想、人文主义都融为他人格中活泼有生命的成分。

父亲有沉厚执著的爱——对科学真理，对祖国乡土。

教员，我就是世上最幸福的人了！”他是一个很好学的人。1876年《关于啤酒的研究》的扉页上，巴斯德写着：“纪念我的父亲”。又附加这样的话：“随着年龄的增长，我更懂得你朋友般的慈爱和优越的理性。我过去研究的成果都来自你的榜样和你的忠告。为了珍惜这虔诚的记忆，把这一著述献给你。”

关于巴斯德，他还讲过许多动人的故事，我不能在这里多记。总之，在乡村私塾里吸收的传统精神和在西方接受的启蒙思想、人文主义都融为他人格中活泼有生命的成分。他讲巴斯德的故事，阿基米德、伽利略、牛顿的故事，一如他讲《左传》、《战国策》，给我们幼小的心惊讶和启发，似乎在未来生命的海洋上看到有隐约的航线。

父亲有沉厚执著的爱——对科学真理，对祖国乡土。他没有宗教信仰，但他不硬性阻止母亲念佛，供一座白瓷观音。关于信仰，巴斯德曾说：“我们内部有两个人，一个是理性的。他要清除一切成见旧说，通过观察、实验和严格推理来了解自然。一个是情感的。他为亲人的死亡而哭泣，他无法证明他能够或者不能够和逝者再见。然而他相信而且期盼。目前人类的知识尚太粗浅，理性和感情是截然不同的领域，两者相牵涉是不幸的。”

我以为父亲也如此。理性的信念和感情的热爱是并存的。两者并无冲突，他也不勉强把两者凑合为一个统一的思想体系。但是实际生活中，他都被迫选择其一，而结果是两边都受到损失。晚年，他被扣上“反动学术权威”的帽子，谦逊勤恳从事的科学工作被否定，对祖国与乡土的近于本能的热爱也遭践踏，生命的根柢被翻掘出来受斫伐，心身性命的活源被堵死。那时他已年过七十，半身不遂，又患糖尿症和其他老人病症，仍被拉去开斗争会，母亲提了尿壶扶他同去，夜里还要勉力写交代，无怪他活不过“文革”。“文化大革命”使中国回到伽利略的世纪去。

他属于近代中国启蒙的第一代科学家，在五四“科学与民主”的口号下从事科学的，但是他们没有大声疾呼“科学如何如何”，他们默默耕耘，实实在在为中国科学奠下基石。1921年他从法国东返，南京东南大学创办数学系，他被聘为数学系教授和系主任。1926年清华改办大学，又被聘为算学系教授兼系主任。他们是拓荒者。他讲起全国第一次数学名词审查会是很有趣的。时间大概是1923年。要讨论的是一些“函数”、“积分”等最基本的译名。有陈建功、姜立夫等先生在杭州西湖上雇了一条船泛舟讨论。以上的细节我的记忆可能有误，但我要说的是：他们那一代的中国数学工作者，就是一条西湖的小游艇可以载得起的。

我没有学数学，走了文艺哲学的道路，但我能感觉到父亲的数学是美的。他常说“优美的推导”，“洗练的数学语言”。而且也是善的。我记得他在学生的练习簿上写的优等评语是

他们那一代的中国数学工作者，就是一条西湖的小游艇可以载得起的。

我没有学数学，走了文艺哲学的道路，但我能感觉到父亲的数学是美的。他常说“优美的推导”，“洗练的数学语言”。而且也是善的。

“善”。

我想起近代著名法国美术史家弗尔（E.Faure）讲到他的父亲时说的话：“是他在不自意识中教给我：在最深刻的政治和哲学的革命中，我们的道德力总是不变的，它永远是它自己，变的只是托辞和目标。”我以为，在父亲那里，潜在着这样的道德力，但是我不愿称为“道德力”。它绝非教条。它是尚未形成体系的信念，是一种存在的新鲜跳动的液体状态，生命的活水。他曾讲到范仲淹《严先生祠堂记》结尾的歌：“云山苍苍，江水泱泱，先生之风，山高水长。”他说，“风”字原作“德”，一字之易，旨趣效果大为不同。“德”字含义太落实；“风”字的意味广阔悠远。“德”字局限于善，只评及德行；“风”则把善与真与美都纳入其中了，范畴尚未分化，一个字把全篇描述点化为一幅气韵生动的画像，而人物的画像复扩展而融入山水天地之间。我以为父亲的道德力是这样一种浑噩的、基本的、来自历史长流的、难于命名的风。在那里，理性与信仰的冲突，传统与革命的对立，中西文化的矛盾，玄学与反玄学的论战，借用维根斯坦的话说，都是“语言的纠纷”。生命的真实在这一切之上，或者之下，平实而诚笃，刚健而从容，谦逊而磅礴地进行。

我以为父亲的道德力是这样一种浑噩的、基本的，来自历史长流的、难于命名的风。

阅读提示 YUE DU TI SHI

作者的父亲是著名的数学家熊庆来先生，作者自己是著名画家。这篇文章写得文情并茂，读罢当掩卷长思。好好体会标题里的那个“风”字，那是中国文化传统里的一种既无形又具体的东西，只是不知今日是否还可见到？

北京大学出版社 教育出版中心

地址:北京市海淀区成府路 205 号 邮编:100871
电话:010-62767346 E-mail: zyl@pup.pku.edu.cn

素质教育图书目录

校本实验教材·新人文读本(共 24 册)

(中小学生人文素养的必读书)

主编: 北京大学教授、著名作家 曹文轩

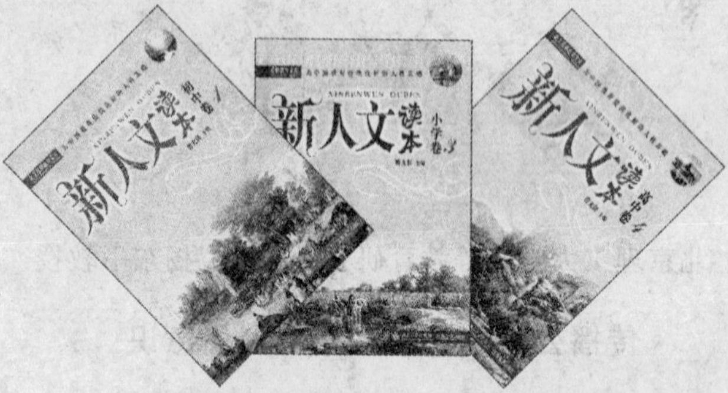

精选当代美文 张扬人文精神

倡导自主阅读 提升写作能力

小学卷(12 册),供一~六年级每学期使用	8.80 元/册
初中卷(6 册),供初一~初三年级每学期使用	12.80 元/册
高中卷(6 册),供高一~高三年级每学期使用	15.50 元/册

特 色

- ◆ 强烈的时代感。精选当代美文,密切联系现实,与时间同行、与社会同行、与中小学生阅读趣味同行
- ◆ 突出情感教育。在感动中完成人格的塑造和灵魂的飞升,张扬人文精神
- ◆ 选文不断更新。编者和读者形成互动,读者可以推荐优秀文章入选丛书
- ◆ 中小学语文教材的必要延伸和超越

新公民读本(共8册)

(中小学生公民素养的必读书)

主编：北京理工大学高等教育研究所所长　杨东平教授

传播公民知识　　培育公民意识

张扬公民权利　　呼唤公民责任

小学卷(4册),供三~六年级使用　10.00元/册

初中卷(3册),供初一~初三年级使用　12.00元/册

高中卷(全一册),供高一~高二年级使用　15.00元/册

特　色

- 世界眼光。突出人类普适的价值观念
- 历史视野。突出中国传统、优秀的道德资源
- 强烈的时代感、高度的前瞻性
- 全新的公民教育理念
- 对传统教材的全面突破和超越

语文课程标准课外读物导读丛书(共 48 种)

主编：北京大学中文系博士生导师、著名作家　曹文轩教授

小学 24 种，初中 13 种，高中 11 种，共 48 种

丛书以教育部《语文课程标准》规定的“关于课外读物的建议”中的图书篇目为依据，结合小学生、初中生、高中生的阅读兴趣和阅读能力，按照《课程标准》的要求进行切实的辅导和指导，以提高阅读和欣赏水平，提高人文素养。

提供背景资料　多维透视名家名作
设置思考练习　深入理解作品内涵
传授阅读方法　培养自主阅读能力
节省时间精力　短期掌握作品精要

《全日制义务教育语文课程标准》小学部分建议阅读书目：24 种

安徒生童话	10.50	中华美德故事精选	10.50
格林童话	10.50	中国历史故事精选	10.50
伊索寓言	8.00	中国童话故事精选	8.00
克雷洛夫寓言	10.00	中国民间故事精选	10.00
一千零一夜	10.00	中国神话故事精选	8.50
爱的教育	17.50	成语故事精选	11.50
外国寓言故事精选	8.50	小学科学知识故事(低年级)	8.50
外国历史故事精选	8.50	小学科学知识故事(中年级)	8.50
外国童话故事精选	10.00	小学科学知识故事(高年级)	8.50
外国民间故事精选	10.50	365 夜故事	9.30
外国神话故事精选	9.30	中外名人故事	11.80
中国寓言故事精选	10.00	今天我是升旗手	12.00

《全日制义务教育语文课程标准》初中部分建议阅读书目：13 种

上下五千年(中国)	15.00	名人传	12.00
上下五千年(外国)	15.00	钢铁是怎样炼成的	12.40
西游记	29.00	中国现代优秀作品选	13.00
水浒传	35.00	名人名言	10.00
鲁滨逊漂流记	12.50	中外经典美文选读	11.50
童年	13.00	中外经典短篇小说选	14.50
格列佛游记	14.80		

《普通高中语文课程标准》建议阅读书目：11 种

红楼梦	34.00	外国小说名著精选	14.50
三国演义	25.00	中外戏剧名著精选	25.00
先秦散文精选	12.50	中外散文精选	13.50
唐宋散文精选	12.00	中外诗歌精选	13.50
唐宋诗词精选	12.00	中外学术名著精选	12.50
中国现当代小说名著精选	14.50		